我是因為看懂防衛機制，而發現自己的。
所以，我也期待你可以從這本書中，「找到自己」。

我是因為看懂防衛機制，而發現自己的。
所以，我也期待你可以從這本書中，「找到自己」。

我心裡住著一隻刺蝟

看懂你的人生劇本與內在防衛機制，療癒各種人際傷

腦跡諮詢師・智慧家庭導師

陳子蘭 著

〈推薦序〉
「歷盡萬般紅塵劫，猶如涼風輕撫臉」的陳子蘭老師

羅寶鴻

陳子蘭老師——在親子教養、夫妻關係與個人成長領域，有超過十五年以上的經驗，一直以來我都稱呼老師為「前輩」。

會稱呼子蘭老師為「前輩」的原因，是因為在追蹤老師臉書多年下，發現老師文章的字裡行間，除了有對孩子內心精準的詮釋、對父母行為包容的寬廣，對人性善惡的認識與接納外，還有一份身為智者與長者的涵養與闊達。

這確實是一個我尚未到達、但心嚮往之的境界。所以，我稱老師為「前輩」。

每次讀前輩的文章、聽前輩的課程，總讓我感到如沐春風，得未曾有。在前輩輕描淡寫的語言裡，蘊藏著深睿的教養道理與人生哲理，以及一份「歷盡萬般紅塵劫，猶如涼風輕撫臉」的灑脫與洗鍊，讓我深感佩服。

前輩的文字，總是精簡，但發人深省。

前輩的話語，總是溫柔，卻鏗鏘有力。

仁者如山，智者如水；但前輩在多年人生歷練與學習下，讓自己既有仁慈的相貌與氣質，讓人容易親近卸下心防，又有洞察人心的智慧，讓來者的困擾常被一語道破，豁然開朗。所以多年以來，一直跟著前輩學習的人非常多。（我有許多讀者，都是前輩的粉絲）

前輩博學多聞，身上帶著多把刀，刀刀鋒利。很欣喜前輩終於要出第一本書了！但作爲親子教育專家的她，第一本書主要講的卻不是教養，而是人性中的「防衛機制」。

我認爲這實在是太高明了。

作爲一名親子教育工作者，多年來與孩子家長互動下，我發現彼此常起衝突的終究原因，並不是因爲不愛對方，而是因爲雙方內心都有自己所未覺察的「防衛機制」。

若父母能藉由這本書，看清楚自己有哪些防衛機制，逐漸就能妄盡還源，找回原來眞實的自己，與內在本有的愛與生命力連結。

同時，在看清楚自己的防衛機制後，將心比心，自然就能了解孩子各種的不當行為，其實也是來自防衛機制。

不被假相所欺騙，自然能看見眞實。當孩子的眞實被我們看到了，他會感受到被理解與接納，我們就能幫助他找回自己內心本有的眞、善、美，往正向人格發展。

所以，當我們內心改變了，我們看世界的方式就會改變。

而當我們看孩子的方式改變，跟孩子的互動也就會改變。

彼此不再用防衛機制傷害對方了，互動改變了，關係自然就好了。

要怎麼改善親子關係？怎麼把教養做好？子蘭老師這本書已經完全涵蓋。

從這個角度切入，不談教養方法，卻涵蓋所有正向教養的最高指導原則，直指人心，是多麼地雋永、簡潔，令人佩服。

而且全書都以簡單易懂且親切的文字編寫，讓人看起來輕鬆、舒服，易於了解吸收，一看就知道是子蘭老師的手筆。

這確實是要了解人性、了解人心與了解教養的智者，才能寫出來的一本好書啊！

誠摯推薦給大家。

（本書作者為蒙特梭利教育專家、暢銷親職教養書作家）

〈推薦序〉

跟著子蘭老師學會卸下防衛盔甲，回到愛裡

林絲草

我是在對自己極度懷疑的狀態下認識子蘭老師的。

還記得剛發現自己懷上老四的時候，才得知家中的兒子有情緒發展上的問題。那時的我每天過得水深火熱，除了挺著一個肚子、照顧孩子的生活起居外，三不五時還要跟兒子過招，在家育兒的日子一天比一天難熬，深深覺得這樣的日子好苦、好像看不到盡頭。

我常常思考：「明明從生完老大開始，我讀了那麼多的育兒文章跟書籍，怎麼可能有我教不來的孩子？書看了那麼多，我怎麼還會用怒吼的方式跟孩子溝通呢？」

也因爲這樣，我對自己產生了很大的懷疑：「我有愛嗎？我怎麼可以這樣對自己的小孩？這樣的我，怎麼還可以懷老四，我對得起這些小孩嗎？」種種負面情緒油然而生。猶記得那段黑暗期，我常常把情緒任意潑灑在其他孩子跟另一半身上，搞得整個家庭烏煙瘴氣。

也就是在這個時候有了改變的契機，而這應該就是老師常說的「巧姻緣」吧？

當時我的好友圈有人點讚子蘭老師的文章，冥冥之中子蘭老師的文章跳了出來，很巧合地被我看見了。

點開文章一看，裡面傳達的理念很棒，於是我再連結到這位老師的個人臉書、閱讀其他文章後，得知這位老師有在爲人做腦跡諮詢。當時「對於人生極度懷疑、很想搞清楚自己到底是怎麼一回事」的我，二話不說的約了老師做測驗，跟子蘭老師有了人生的交集（直到現在）。

這是我與子蘭老師相識的由來。

我跟老師第一次見面，是爲了看腦跡報告。在人來人往的「摩斯漢堡」速食店裡，子蘭老師用沉穩的口氣對我說：「看書很好，但是不要拿教條來教小孩，也不要拿知識來批判他人，這樣就傲慢了！」

頓時間五雷轟頂，原來過去的我，縱然看了很多書，但充其量也只是遵照著書裡講的「道理」在教小孩，而不是用「愛」在灌溉孩子。

難怪我兒子會暴跳如雷呀！

情緒比一般孩子還要敏感的他，一定就是發現媽媽對他只有滿滿的「管教」，而沒有一點點的「愛」，所以他才會使盡各種方式表達不滿。

在做完諮詢後，我才知道我住家附近，有位媽媽會定時把子蘭老師請來社區上課，於是開啓了我跟著子蘭老師「拜師學道」的成長過程。

子蘭老師授課的範圍很廣，上到親子，下到姻親，或是自我成長的課程等，子蘭老師總是用最容易懂的方式，引發我的共感。

像是在《四夠教育》裡聽到「愛夠，良知就夠」；在《說話課》裡知道「愛是從說話開始的」；在《道德課》裡學到「我所知道的，不過是別人的千萬分之一，所以不要隨便批判他人」等。

或許是之前養成的閱讀習慣起了作用，每次只要聽完一堂課，我便可以馬上抓到老師想傳遞給大家的理念。所以只要每上一次課，就會感受到，自己的觀念好像又比上次上課時還更完整一些、更進步一些了。

這種學到東西的成就感，讓我心情非常愉悅，也慢慢開始學會無條件的接受孩子的樣貌，而不是像過去一樣，是有條件的愛孩子。

子蘭老師這本書的主題「防衛機制」，好像是我開始跟課後，聽到的第四堂還是第五堂課。記得那時剛聽完這堂課，我馬上把它列入子蘭老師必聽課程第一名。

我的頭腦裡常有這樣的問題：「爲什麼一樣的問題，別人就不會生氣，到我這兒，我就氣到不行？」「爲什麼一樣的狀況，別人就可以冷靜處理，而我卻焦慮不安呢？」

「防衛機制」這堂課，讓我了解到自己頭腦裡的這些毛躁念頭是怎麼來的，同時也知道了別人的毛躁情緒，有可能是因爲哪些關係？

套句子蘭老師常說的：「知道就好。」

當我在知道一個人的內心裡爲什麼會有這麼多的「不當防衛」之後，心中頓時豁然開朗——原來我們大家都不是故意的，原來只是因爲在成長的過程當中，我們都受了傷，所以才會啓動了不當的防衛機制，想保護自己。

如果你跟一開始的我一樣，常常疑惑自己到底怎麼了。我想，或許你可以試著打開這本書，細細閱讀書裡的文字，深深地挖掘自己，想想自己的過去，或許你就可以找到自己想要的答案。

也就如同子蘭老師在書裡提到的「發現自己，就是改變的開始」一樣，在發現自己的毛躁從何而來之後，我們也就可以知道該怎麼去正視它、接受它、修正它了。

現在的我，依然是一個不完美的媽媽，但我想，在子蘭老師的溫柔帶領下，至少我可以更勇敢地面對自己，更有勇氣去做一個雖不完美，卻是獨一無二的媽媽。

感謝老師，感謝我生命中的所有貴人，謝謝你們。

（本文作者爲子蘭老師的學員、四個小孩的媽媽）

目錄

PART 1 探索腦跡，發現真正的你

PART 2 他就是故意要害我?!——病態防衛

PART 3 老闆總是愛挑毛病?!——不成熟的防衛

PART 4 以為把自己與人事物隔絕，就能不受傷——神經質的防衛

PART 5 愛自己，也愛別人——成熟防衛

〈自序〉
看懂防衛機制，發現美好的自己

在這個物質生活水準大幅提升的時代，人的心靈世界是否也跟著提升了呢？

經常有人用玩笑話的語氣對我說：「你的工作最好了，世道越亂，家庭教育、婚姻、親子諮詢的工作就會越好，因爲大家的內心都不快樂，家庭的衝突就會不斷，個人也會有很多問題，都會想要來找你諮詢……」

我都笑著回應：「是這樣嗎？」

應該不是吧?!那是因爲現代人的物質生活變好了，開始有自覺地轉往自己的內心深處尋找自己。

過去的人忙三餐的生活就已經大不易，誰還能有心力去思考內心層面？而現代人生活水準提升，過著比較富裕的生活，進而才能想到要追求內心深處的平衡。

找我諮詢的人越多，也代表著心靈世界的普遍提升。越來越多人知道人生不單單只是向外求物質、一味地追求高物質面的需求滿足而已，而是更能察覺內外是一個平衡的道理，外在物質追求越高，內在心靈更空虛。

來尋求諮詢的人當中，有不少常感嘆不知道自己怎麼了，明明生活沒有過得不好，但就是不知道哪裡不對，老覺得自己不快樂。

每天忙碌的工作，是累積了很多的財富，但內心卻有被掏空的感覺，因此，會想要借助腦跡諮詢來找到自己，找到自己與人相處的平衡點。

這是一個非常好的心靈成長歷程。

每個人都在追尋一個東西。

「追」——是動的意謂。

「尋」——是找回自己原來的物件。

那麼追尋就是一種動態的、積極的找回原來屬於自己的東西。

矛盾的現代人，總想追尋一種連自己也說不上來的感覺。那種感覺似曾相識，好像應該，但實際上卻又不對勁。

你是否曾有一種經驗，在聽了某一段話、看了某一段文字，突然彷彿頓悟了一番的猛點頭：「對！就是這樣，我心裡想的就是這樣。」

所以其實在你的內心早就有所體驗，只是你一直都不了解，又或許一直都知道，只是茫然的不知所以，讓擔心、害怕、焦慮……所有負面的能量籠罩著你，失去清心的能力。日復一日的生活到最後，你就會開始尋找一種自己想要的感覺。

不需追尋，不需往外求，只要你願意，靜下來聆聽內心深處的聲音，你會發現所有的美好，一直都跟著你。

不需追尋，美好一直都在！

你需要的是一個正向能量的提醒，適時的一句話、適當的愛與關懷，感覺就回來了。

在紛亂的都市叢林裡，難得可以靜，忙得沒有時間靜下來，有一種方法可以試試看，不需向外追尋，而是往內看、往自己內心深處看，只要靜靜的坐著，看看天空的雲彩隨風變化，看看自己的心，正隨著什麼而變化。

你的心正隨著什麼而變化呢？

自己的心需要靠自己調節，當然你得具備一些認知來幫助自己調節。

因此，我想帶大家進入「防衛機制」這個心理學領域，讓你看懂自己與周遭的他人。

我是因爲看懂這防衛機制，而發現自己的。

所以，我也期待你也可以從這本書中，找到自己。

「找到自己」才能眞正地活出自己的自信與心靈平靜，自由自在的滿足感。

「找到自己」才不會讓自己困在不自覺地自我保護，以及對他人的負面情緒的敵意裡。

這本書要跟大家談的是，我們每天都在用自我保護機制卻不自知！它是心理的本能反應，本來是保護自己的，卻反而傷了自己與他人。

你，一直都不知道吧?!

〈前言〉

讓我們，重新學會愛！

我是個腦跡諮詢師，每天的工作就是與人談話，什麼內容都可以談，我經常說我管很大，任何一位家庭中的成員，都可以是我服務的對象。

總有人對「腦跡諮詢師」這個職務感到好奇：這到底是什麼啊？

基本上，**「腦跡」就是幫助我們認識自己與認識他人的依據**，跟個案討論諮詢有關夫妻、親子以及個人等問題。

這，就是我的工作。

腦跡就是我們的人生劇本

每個人從出生到現在，所接觸的各種人、事、物的刺激，儲存在大腦的感受記憶，就是潛在性格，也就是腦跡（人生劇本）。

一般觀察到人的外在行爲，和眞實的內心世界有很大的差距，就像是生病時的感覺和X光片照出來是不一樣的，所以想眞正了解一個人的內心感受，就可以透過這個科學檢測，來幫助修正自己或與他人的互動方式。

它是運用哈佛大學百年研究發展的心理需求量表，幫助自己了解潛在性格的心理狀態，認識九大氣質與六大心理需求，包括人際關係、聰明才智、情緒反應、自信心、幸福感、學習潛能，以及性格模式。

誰需要諮詢腦跡？

腦跡評量可以提供你修正的方向，是一個可以讓你整理好心情，再出發的方法！藉由這份評量，可以幫助我們了解自己、緩和焦慮、改善關係，使生活更美好。例如：

1. **想要針對教養的方式來做改變：**

・想知道孩子在成長過程中，所經驗過的人、事、物，在他的腦裡留下了什麼印象？而這些帶給孩子的內心感受（情緒）和學習潛能（認知）心理狀態是如何？

・目前正處在令你傷腦筋的教養問題，例如：孩子老是不按牌理出牌，不聽從管教、明知故犯、哭不停、兄妹吵架、不聽話、打人、吐口水、不吃飯、愛哭……面對這些教養問題，該怎麼辦？

2.想從孩子的行爲中，了解父母自身的問題：

·孩子的所有行爲源自於家庭系統，尤其是依戀關係較親近的媽媽，所以媽媽的價值觀念很重要，媽媽是什麼內心感受，也或多或少影響著孩子的適應情境能力，以及解決事情的能力。

3.想針對婚姻中的夫妻關係再成長：

·與另一半的互動，偶有力不從心時，不懂另一半的心理需求，也不知該如何與其應對？雖不至於造成有溝沒有通，但不想繼續惡性循環的相處模式。

4.想要認識眞正的自己，自我成長：

·希望透過客觀的、科學的角度來覺察自己，發現自己的潛在特質及不自覺的盲點，進而提升自己。

腦跡報告的作用

腦跡是個滿有意思的心理應用科學量表。

腦跡，會顯示出一個人的認知特性、感受紀錄，以及潛意識的內容摘要。

當諮詢師看到腦跡報告時，可以快速的知道來談者的心理狀態，例如：性格衝動、壓抑、過度理想化而不切實際、歪曲誇大而要求完美、自信卻焦慮、妄想而脫離現實、消極攻擊而拖泥帶水、太理智而難以表達內心的欲求和情感、神經質而易吹毛求疵與責備他人、因為偏激而覺得一切都是別人故意，或者當看到報告中出現「情感中傾向於期待他人的回饋」等文字描述時，就不難看出，個案很容易感覺到自己的付出都被他人「合理化」，而產生內心的不平衡。

上述的種種，都可以從腦跡報告所顯示的文字，來幫助認識自己！諮詢師也可以很快的從報告中找到來談者內心深處的盲點，幫助來談者看到自己的「防衛機制」，進而修正認知，調整心態。

可以說，腦跡是心理應用科學的偉大發明，不但可以認識自己及家人，更可以幫助自己清楚的看見，**我是否正處於無意識狀態下，用著不當的防衛機制在保護自己，卻不自覺的傷了自己與他人。**

就算不做腦跡評量，透過本書的說明及個案故事，我將帶領大家，從認識自己開始，進而發現自己的防衛機制，同時也會告訴讀者朋友們，在防衛機制升起時怎麼辦？有哪些方式可以不讓親愛的家人、朋友、同事因為我們的防衛機制，而造成兩敗俱傷。

讓我們，重新學會愛！

想進一步了解腦跡諮詢，請洽詢網址 https://reurl.cc/83k5Db

PART 1
探索腦跡，發現真正的你

認識防衛機制，學會同理，讓親密關係更美好。
我們每天都在用著自我保護機制，卻不自知。
它是心理的本能反應，
本來是保護自己的，卻反而傷了自己與他人。
你，一直都不知道吧 ?!
這是一本可以認識自己、認識他人；可以幫助個人自我成長，也可以用來療癒自己的工具書；是讓親密關係更前進的書、是人際關係書，當然也可以是父母需要的幼兒教養書。
請翻開這本書，讓我們帶著探究的心情，一起進入心理的世界吧！

你認識自己嗎？測測你的防衛機制有多強！

不過就是隨口問一句，怎麼馬上引起對方情緒性反應，這到底是什麼原因？

爲何自己會說出這些敵意的話？
爲何周遭的家人朋友，他們會說出那些不好聽的話呢？
人爲什麼會這樣呢？
其實會說這些話的背後心理狀態，不過就是想要保護自己，這就是人想要自我保護的防衛機制。

你的自我保護、防衛機制強嗎？

在下頁做個簡單的測驗，看看是否認識自己、知道自我的情緒問題。勾選得越多，代表你的防衛機制越強。

你是否常常不自覺地說了下列的話語：

□算了！ □我沒差。 □我無所謂啦！

□我根本不在乎！ □我眞的沒事。

□我的天啊！我怎麼什麼都不會！

你是否經常聽到他人這樣說你：

□一定是你故意的！ □都是你害我的！

□我今天會過得不好，都是因爲你！

你對他人的話語，常常會有種感覺：

□有些人的防禦心，怎麼那麼重啊?!

□剛才我有做錯什麼事嗎？我有說錯什麼話嗎？

□我不過是說了實話，爲什麼對方反應會那麼大？

假面具？其實是防衛機制

防衛機制，又稱防衛機轉。當人面臨到威脅時，一定會產生焦慮的心理感受，因此就會想辦法克服自己內心的焦慮。

人與人的互動，彼此都戴著「面具」，而這些假面具，其實就是「防衛機制」是自我保護而起的念頭。

曾經有個個案來找我諮詢，一開始都不太講話，面無表情地看著我，一副等待著我問她問題的感覺。

「你是因爲什麼問題，來找我做腦跡諮詢的呢？」

「沒有什麼特定的問題啊！」她說：「會想來諮詢腦跡是基於好奇，因爲朋友告訴我，你的腦跡諮詢很厲害！所以，我是因爲好奇而找上你，不是因爲有什麼事情需要諮詢。」接著又說：「我的工作收入很好，夫妻相處也很不錯，父母、家人相處也都沒有什麼問題……」

說謊話是為了保護自己

「那好，這樣我就只能針對腦跡報告上的文字語言來跟你解釋，好嗎？」

我告訴她，腦跡是一個心理健康檢查的量表，可以看出她目前的認知與內心感受，以及潛意識的內容摘要。

她的腦跡報告上出現：

◎性格模式：面對挫折難以解決，無法因應情境做調整。

◎工作態度與發展方向：理性與實際能力有差距，受挫時情緒化而自卑。

◎潛意識：往事無法忘懷，所以常有焦慮及多重牽掛；難以表達內心的情感。

「這些文字上的意思，可能是你習慣壓抑自己的情緒，或者內心有事，也習慣不想說或懶得說，可能你覺得，說了也沒有用，因此……」

突然，她眼眶紅了，瞬間哭出聲來！這時，她才眞正的說出目前所面臨的問題。而在這之前，她說只是因爲好奇而來諮詢腦跡，也就是在人前戴上面具。

越自我防備，就越容易對他人抱有敵意

當信任關係沒有建立時，人習慣戴著面具與他人互動，而這往往就是自己不快樂的開始，因爲不信任他人，而習慣的戴著面具。

即便內心非常不快樂，也要戴上快樂的面具，告訴衆人，其實我過得很好。面具戴久了，可能到最後都忘了哪一個才是眞正的自己，因此而迷失了自己。

假面具就是不當的防衛機制，是自我保護的本能，而長期的自我保護，卻把自己封閉得更深層。

腦跡是心理的健康檢查，可以幫助慢慢的卸下自己一層一層自欺欺人的假面具。

越想保護自己，就越容易對他人抱有敵意。

越是對他人抱有敵意，自己的內心就越不快樂。

有些人會運用自己本身的理性和智慧，來找出讓自己焦慮的問題來源，然後解決問題；但是有些人卻無法自我覺察到焦慮的來源，這個時候，就會用非理性的情緒來自我保護，也就是心理防衛機制。

一個人爲什麼會形成自我防衛，原因跟原生家庭的童年經驗有關；與父母、手足以及其他家人的相處模式有關；也跟我們在求學時期、談戀愛時期、進入婚姻、工作

職場的所有人事互動有關。可以說是，從每一個人出生到老死，各個不同階段的六大心理需求是否被滿足有關。

防衛機制並不能解決問題

所謂「說者無心，聽者有意」，聽話人的起心動念，起的就是防衛之心。而無心的說話者，被聽話者的情緒反應刺激後，自己也起了防衛作用，於是對話的兩個人，都產生了情緒上的不舒服。

兩個人相處時，如果互起防衛，就很難眞正做到溝通，進而轉變成吵架。如果用這樣的模式相處久了，一旦其中一方成爲沉默之人，就更難好好溝通了。

這時該怎麼辦呢？

化解的方式，就是其中一人懂得先自我調節，把自己帶回穩定的情緒上，然後利己利他，提醒自己不陷入莫須有的情緒上。有良好情緒的人，比較容易面對問題，也比較容易解決人與人在相處互動上的大小問題。

在本書中，會提到四大防衛機制的類型，並且會告訴大家，如何針對不同類型化解，達到眞正知己知彼、成就溝通、成就愛的境界。

防衛機制是由西格蒙德．佛洛依德所提出的，也就是我們最常聽到的否認、歪曲、反向作用、轉移、壓抑、投射、退化否認、合理化等。後來，也有不同的學者會根據佛洛依德的理論再延伸。

本書中，我使用的是哈佛大學精神病學家瓦倫特（George Eman Vaillant）的四大級別（病態防衛、不成熟防衛、神經質防衛、成熟防衛）。而美國精神科醫學會所發行的手冊，也以瓦倫特的研究來作爲人格／心理狀況是否異常時的依據。

現在就來開始檢視自己，到底我們是如何的運用而不自知？或者是明明知道卻控制不了自己，而讓它繼續運作下去？

這次我們要好好的來認識它，然後跟它打聲招呼：「嘿嘿！我有看到你了喔～」

戴上假面具是為了保護自己

人都是因爲投射了自己童年被對待的經驗，所以才會這樣思考，內心才產生某些感覺。也就是說，我們對外在的樣貌，其實是自己內心狀態的投射。而不當的投射，則會讓自己產生不理性的行爲。

其實宇宙有祂的美意，上天有祂的好生之德，讓人類的心理狀態，有了這種天生本能可用來自我保護的機制。因爲人類有頭腦，會想過去、會思考未來，有受、想、行、識，也有情緒，自我保護的「防衛機制」，就是用來避免讓自己的內心受傷。

但是，有些人會因爲心理需求的不滿足、因爲童年經驗的不愉快，而過度使用自我保護的防衛機制。不當的使用，容易產生**過度防衛，變成戴著假面具跟他人相處，也戴著假面具跟自己相處**，到最後忘了自我的樣子，離原本的自己越來越遠，遠到不認識自己，於是內心就更焦慮了。

因此，我們要相信自己本來的樣子，相信自己與身俱來的天賦，相信有自己的本能要完成的任務，首先要做的就是認識自己。

嬰兒也有防衛機制

防衛機制，可說是內心深處的潛意識自我保護的一種機制。猜猜看，我們是從幾歲的時候，開始建構這樣的自我保護呢？

答案是：從出生的第一刻開始。

每次在演講時，我總喜歡問聽衆這個問題，而當我說出答案時，現場的聽衆總是面露驚訝地說：「出生的那一刻？怎麼可能？」

想一想，當嬰兒大哭時，父母是如何對待他的？

有的父母是溫馨的抱著搖啊搖、輕輕的拍啊拍，語調柔和的對著小嬰兒唱著歌，小聲呼喚他的名字；有的父母則是用一種不耐煩的態度，或是索性讓嬰兒哭吧，反正哭累了，他自己就會睡著。

大家思考一下，被用哪一種方式對待的嬰兒，會比較有安全感呢？

被不耐煩對待的嬰兒，從一出生開始，「防衛機制」就悄悄的在心裡萌芽了，所以說，身爲父母的我們，不得不謹慎，要好好的善待我們的下一代。

將這個理解用在自己跟另一半的相處上，會變得容易理解他的內心、懂他說話背後的心理狀態。所以並非是老夫老妻不吵架了，而是**因爲理解，愛就跟著來了**，所以自然能夠享受到婚姻當中的幸福感。

◎子蘭小語

認識自己，相信自己本來的樣子。

相信自己與生俱來的天賦，以及本能要完成的任務。

認識防衛機制後，你比算命師還準

了解防衛機制後，我們將可以輕鬆的找回感性和理性的思維模式，一方面學習理性的分析，一方面學習感性的接納。不讓非理性的情緒來浪費自己美好的人生，這是一種很棒的人生態度！

每次在諮詢時，個案總會說：「老師，您說的怎麼那麼準啊？」眞的不要再說我像「算命」一樣準。其實，只要好好認識防衛機制的心理作用，誰都可以準確預測喔！

但是，「準」不是這本書的重點，我之所以想寫這本書，主要是想讓更多人知道如何在生命當中，更容易與人產生共鳴。除了可以透過這本書認識自己、認識在乎的另一半之外，更可以在親子關係、職場上更容易與人相處。

看清問題本質時，問題也就不是問題

我們很容易運用防衛機制來保護自己卻不自知，所以在跟人互動時，可能就是你說話酸我，我為了防衛、保護自己，於是再反過來揶揄、嘲諷你；接著你也同樣的繼續再做出行為來刺激我。——惡性循環就這樣產生了。

所以，必須有一個人先學習覺察，先試著釋放善意，就可以改變人與人之間的關係。

本書中，我將會跟大家聊聊什麼是「防衛機制」，希望藉由這個主題，讓大家知道自己跟身邊周遭的每一個人，到底都是如何的運用防衛機制。

只要把這本書看完，我相信你的內心肯定會有一些變化——**因為心變柔軟了，看自己跟看別人的眼光就會跟以往不同**。也因此，當我們在與人發生衝突時，就容易看清到底是自己的問題，還是他人的問題。

當我們看清問題的本質時，其實問題也就不是問題了。

如果你在看了某個段落時，也跟我一樣有「喔！原來是這樣啊！」心情大好、大放鬆的感覺的話，那就真的太美好了！

佛洛伊德的「我」，本我、自我和超我

防衛機制是奧地利的精神分析學家、心理學家、哲學家、心理動力理論、精神分析學的創始人——佛洛伊德所提出的。

佛洛依德對人格的重大發現之一，是他提出人的精神分成三個「我」——「本我」「自我」及「超我」。

他的另一個核心理論是，人類無法全然意識到的自我，會跑到表層底下運作，這就是潛意識的作用，它會經由作夢表現出來，所以佛洛伊德有一本名著《夢的解析》，就是在講述這個理論。

佛洛伊德還有一個重要的理論是性心理發展；他相信個體有原始欲望，生之本能（愛欲）、死之本能（死欲），以及會隨著不同的發展階段而產生的口欲期、性器期、戀父、戀母情結等，都是佛洛依德所提出的重要概念。

在心理學領域上，這些都是非常重要的發現，所以讀心理學，一定會讀到佛洛依德，即便後來出現批判他的學者，但是佛洛伊德在心理學領域依然有相當崇高的地位。

所以接下來，我們就要來深入了解這人格的三個「我」，到底是如何相互運作的。

◎子蘭小語

學習覺察，先試著釋放善意。
心變柔軟了，眼光就不一樣了。

防衛機制，是三個人格成分的產物

講到防衛機制，就必須先認識人格裡的三個「我」。
人格中的三個「我」會彼此交互影響：「本我」「自我」和「超我」。

三個人格成分的功能與目的各不相同；本我與超我的需求往往不會相同。因此，在本我與超我兩者之間就會產生衝突，而這樣對立的兩種想法，就會讓人的心理產生焦慮感。潛意識就會爲了消除或減低這些焦慮所帶來的不舒服感，進行阻斷或扭轉衝動。

佛洛依德特別將這些行爲稱爲「防衛機制」——

「我實在是有夠討厭做家事的，眞不想做啊！如果有錢，可以請人來幫忙打掃那該有多好？」這是**「本我」享樂原則**說的話。

「家裡不打掃，看起來就亂七八糟，萬一有客人來，看到家裡這麼亂，一定會覺得我很懶惰，破壞我的形象怎麼辦？」這是**「超我」道德教條**說的話。

「看到家裡好久沒有打掃了，實在是有點亂，我還是找一個時間打起精神來好好整理，打掃乾淨住在裡面，自己也覺得舒服。那我還是來打掃吧！」這是**「自我」現實原則**在自我調節說的話。

本我：動物性的我

「本我」即是動物性的我。

就像獅子看到敵人會生氣的發動攻擊、羚羊看到敵人會害怕的逃跑一樣。「本我」是這三個人格結構中最原始、最根本的部分，它是一出生就存在的。

例如：嬰兒餓了就哭，他不會管現在是否是大半夜、太陽公公還沒起床、父母還想睡，或者媽媽正忙得一團亂。嬰兒從不會管媽媽到底有多忙、有多累、有多麼心不甘情不願，只要有生理上的需求，累了，就是要哭，哭到有人來安撫我；餓了，還是要哭，哭到有人來給我奶喝爲止。

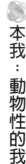

這，就是本能的我。

飢餓、口渴、性，都是「本我」的構成成分，「本我」的目的就是要獲得快樂。解除壓力後給自己帶來的快樂的感覺，只要我喜歡有什麼不可以的念頭，希望可以得到滿足感的想法，這些都是「本我」。

在做親子教養諮詢時，常常會有媽媽跟我說：「帶孩子眞的很累。」自己很想要放鬆、懶得陪孩子玩；很想自己放空，然後做自己想要做的事，這就是「本我」。

不想要上班、想睡到自然醒、想躺在沙發上滑手機或追劇、想要獲得快樂的感覺，這就是「本我」的唯樂原則。

有的先生會經常性的批評太太。下班回家後，一踏進門就開始唸太太：「家裡沒有打掃乾淨！」「孩子沒有照顧好！」等，當太太一聽到先生的責備，心中就泛起一陣不開心，這也是「本我」的反應。

自我：平衡、回到現實

「自我」它爲「本我」服務。

「自我」會有很多的考量及客觀的想法。當需要考慮現實狀態時，「自我」會平衡出合理的方式，來獲得「本我」欲望的實際滿足，會有現實原則來幫自己調節。

例如：小孩一直吵鬧哭泣，這時媽媽覺得好累，所以「本我」跑出來說：「乾脆不管一切的把孩子丟著自己跑出門，去輕鬆看個電影、喝個下午茶吧！」

但是「自我」就會說：「現在還不行喔！孩子還小，媽媽怎能丟下孩子呢？這樣是不可以的，還是再忍耐一下吧！等爸爸下班到家後，再去放鬆自己，現在的我還是要回到現實，面對目前的狀況。」

至於剛才那個一進門就批評太太的先生，太太的「本我」實在是很想生氣，也很想對先生回嘴的，可是「自我」想了想：「如果萬一因爲這樣而吵起架來，好像也沒有比較好，所以我還是先忍忍，別理會他的罵吧！」

所以，「自我」就是介於「本我」與「超我」之間，具有調節的功能。

超我：道德觀的我

「超我」就是道德觀的我、知識教條的我，以及良知的我。「超我」在人格結構中是最高的管理地位，是社會文化的道德規範。例如：前面帶孩子很累的例子。

「本我」說：不要帶了，出去放鬆喝咖啡，把孩子放著不管吧！

「超我」則會說：哎啊，你這個媽媽怎麼可以這樣呢？這樣太不負責任、太沒有愛心了！孩子還那麼小，怎麼可以有這樣子的想法呢？實在是太不應該了，身爲一個媽媽怎麼可以這樣子呢？

負責否定、監督自己想法的對與錯，就是「超我」的工作。

看到這裡你有沒有發現，我們是否常常在一個念頭出來之後，腦袋瓜裡面就會出現這三個人在對話呢？

◎子蘭小語

「本我」是唯樂原則。

「自我」是現實原則。

「超我」是完美原則。

「我」對話的過程，就是在調節自我

腦袋裡有三個「我」在對話，你能釐清是「本我」「超我」還是「自我」？
當三個「我」調節不了時，
請讓自己休息一下、別鑽牛角尖，暫停思考免得錯亂。

有些孩子，在學校看到同學的文具或玩具，會想擁有那些東西，心裡想著反正沒人會注意，乾脆拿走占為己有，這就是「本我」的欲望。

但是這孩子又想了想，爸爸媽媽有說過，別人的東西不可以拿，必須經過人家的同意才可以借來玩！這便是「自我」在調節。

孩子回想著父母老師說過的，趁人不注意地把別人的東西拿走，這是偷竊的行為，不但被人取笑會很丟臉之外，也是犯法的行為，是會被處罰的，所以我不可以拿走別人的東西。這就是「超我」在評價對與錯。

你真的認識「我」？「我」到底是哪個「我」

再舉個例子。有個未婚的女孩，愛慕一個男性友人，但是這位男性友人已經結婚了，於是她把對他的愛慕之情轉爲欣賞，不做其他的遐想，這就是「本我」「自我」「超我」這三個「我」起的調節作用。

有些已婚的女性，見到婆婆管東管西，什麼都要管，內心覺得很煩，很想頂撞婆婆，這就是「本我」的反應。因爲管東管西違反了「本我」的享樂原則，所以「本我」會不舒服，會有情緒。

但後來想想算了，「畢竟婆婆是長輩，還是好好跟長輩說話吧！」這就是調節後的「自我」。「我是人家的媳婦，還是要忍耐，如果對婆婆不禮貌，可會被人家說成是壞媳婦」，這是便是「超我」。

簡單總結一下這三個「我」：

自己臨時少了什麼東西而想要跟人家要——這是「本我」。

但不好意思開口，很怕跟別人說了會被取笑——這是「超我」。

還是我可以問看看，如果眞的被拒絕了也沒關係！——這是「自我」。

本我大於超我＝自我爲中心
動物性強、衝動、只要我喜歡有什麼不可以、以自我爲中心。
超我大於本我＝壓抑
道德教條太高、完美主義。
怕自己不得體、擔心自己打擾到別人。
怕得罪別人、什麼事情都覺得不好意思。
本我＝超我
就是平衡，符合現實原則。

了解三個「我」來釐清與調節情緒

看到這裡，我們可以試著讓自己先靜下心來，觀察自己腦袋瓜裡，正在動的那些念頭，到底有哪個部分是自我爲中心？是衝動的、想罵人的「本我」在說話？

「啊！算了！」「其實對方也有不錯的地方，或許他有他的難處。」像這樣在腦袋裡頭當和事佬的，就是「自我」在起作用。

像前面那個被老公碎唸的老婆，她心裡就想：「可能是老公工作壓力大，回家時累了，所以情緒不好，才會出現這樣的口氣，他平常對我跟孩子也是挺好的呀！」於是太太決定不跟先生生氣了。這就是經過調節過後的情緒，也是「自我」的作用。

「他不應該這樣做！」「我好差！」「我好爛！」「都是我的錯！」批判別人、否定自己，覺得自己不夠好，認爲都是因爲自己說錯話，才會造成與他人的衝突，或是習慣壓抑自己，不敢說出內心眞正欲求和想法的，這些都是「超我」在起作用。

你自己的腦袋瓜裡，是不是經常有這三個人在對話呢？所以請你現在開始好奇一下自己的腦袋，好好研究到底自己的腦袋瓜都在想什麼？試著釐清，「本我」——動物性的我、衝動的我、情緒的我，正在想什麼呢？「超我」——教條的我、批評的我、完美主義的我，又正在講什麼呢？如果腦袋裡的「本我」和「超我」打架了，「自我」也會調節不了。這時請先暫停思考（思想抑制），否則容易鑽牛角尖、繼續打結，頭腦卡關在死胡同裡，更容易錯亂。

◎子蘭小語

「我」調節得好，心裡就平衡。
「我」調節不過來，就會產生防衛機制。

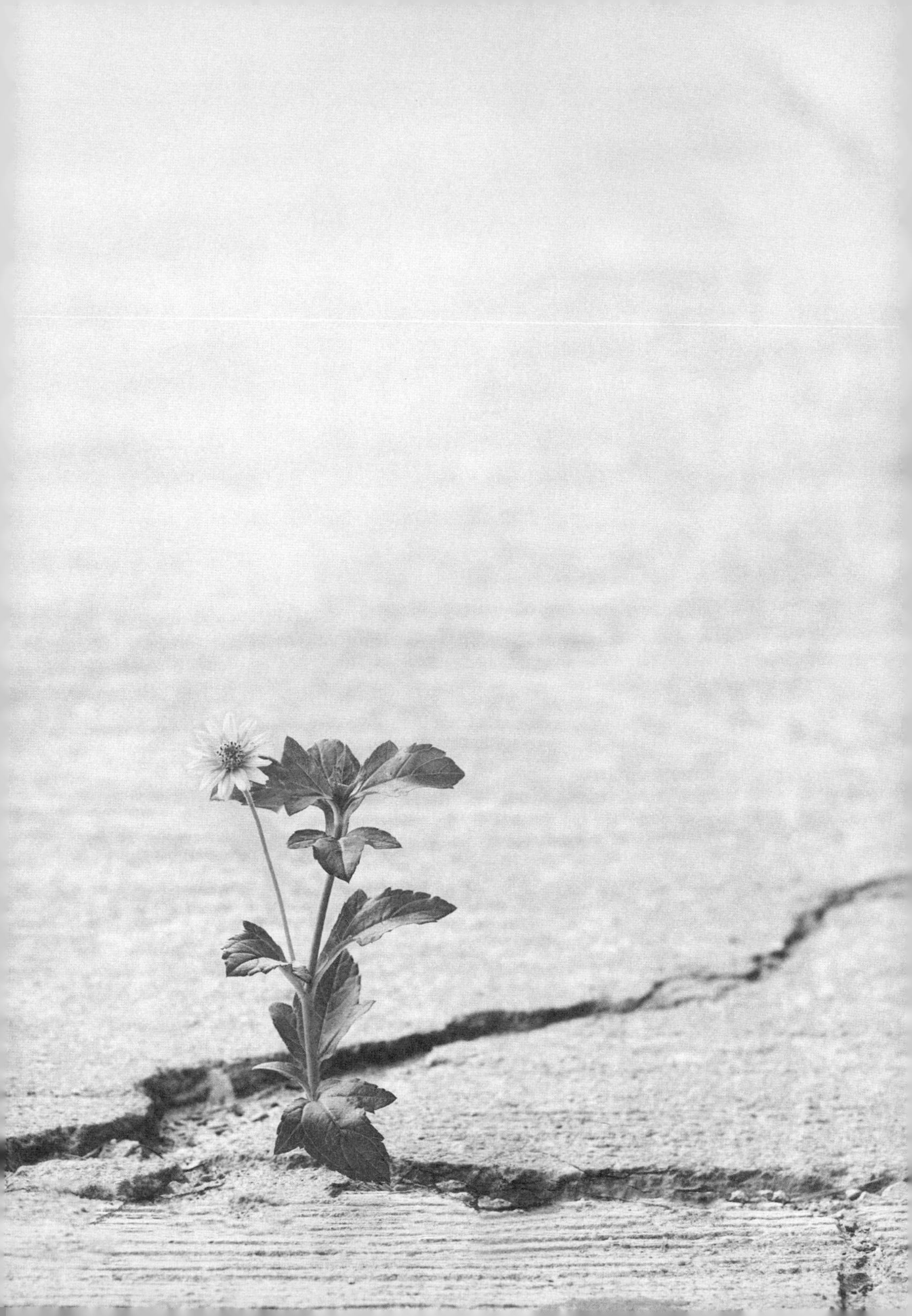

PART 2
他就是故意要害我?!
——病態防衛

你會經常覺得別人都是故意對你不好嗎？你會經常怪罪別人嗎？
會為了不擇手段而扭曲、歪曲事實嗎？會兩極化看待他人嗎？
會以自己的情感好惡來看待他人的好與壞嗎？
會繼續活在怪罪他人的感受裡嗎？
如果有，就要好好的面對自己。
檢視自己，發覺自己的內心缺了什麼？是哪一個心理需求不滿呢？
請先接納自己，而非否定自己、鄙視或看不起自己。
病態防衛，一般人只會在情緒下或作夢時，浮現出負面情緒，但當情緒恢復理性時就會好了，不至於全部陷入這樣的思想感覺裡。
如果你大部分都是處在這個階層的防衛，而且比起其他階層多很多，那就比較屬於是心理病態的情況；若是對人經常會有不理性的情緒居多，比較明顯是精神上的異常。

妄想投射：跟自己過不去，痛苦的是自己

被害妄想症，想的都是別人故意陷害我。

某個太太來找我諮詢，她一開口就說：「我想離婚，我再也活不下去了！你知道嗎？我婆婆是一個很可怕的人，她會偷聽我和我先生的對話，然後會故意做出一些讓人以爲我是個不孝媳婦的行爲。

比方說：故意搶著出門倒垃圾，讓左鄰右舍的人都以爲是我不做，才讓婆婆去丟垃圾！她還會破壞我跟我先生的感情，要我先生跟我離婚；也會故意跟我的小孩說我的壞話！」

「別人是故意的」這種想法，是痛苦的源頭

都已經跟婆婆和小孩說過，飯前不能吃餅乾、零食甚至巧克力，因爲連醫生也都

這樣建議，否則孩子會變得很躁動、情緒不穩定。「結果她還是故意要拿餅乾給孩子吃，根本就是衝著我來的，你說是不是？」

我耐心專注的聽她說出所有抱怨，等她告一段落時，我反問她：「婆婆有對你好的地方嗎？」

她直接回我：「沒有，所以，我才會那麼痛苦的來諮詢！」

有些人總覺得自己的家人或是同事、朋友，都是故意找我麻煩，都是故意衝著自己來，就是要跟我過不去！

曾經有個朋友經常來跟我抱怨，她質疑公司的同事都把比較困難的工作丟給她，或故意把不能成交的客戶讓她去跑業務，因此她對公司的同事心懷恨意，最後就離職了。

有些人眞的是這樣，對人敵意很重，跟這樣的人生活在一起其實很累，面對他的懷疑，你也無法解釋，因爲他的認定就是這樣，別人就是故意要害他的，其實，這樣想也就把自己給堵死了。

敵人都是自己想出來的，對外會更加顯示敵意

人們都會關注自己，不一定有空去故意害人，如果自己越覺得他人有敵意，自己的內心就會更恐懼！一旦恐懼感襲來，就更想保護自己，對外在的人就更顯出敵意，敵人就會越來越多，自己的精神就更錯亂、更恐慌。

敵人都是自己想出來的。

精神官能症的患者，就是因爲過度使用妄想投射的防衛機制來保護自己，所以也叫作「被害妄想症」，以爲所有人都要害他，因此做出攻擊他人的行爲。

一般人還不至於到精神官能失調的程度，所以，**當自己腦中出現別人都是故意的念頭時，就需要練習反過來想**——

以前面的例子來說，當事者可以想：「婆婆沒有故意，應該是看我忙著帶小孩，所以幫我分擔家務事；要出門倒垃圾，可能是剛好等垃圾車來的時間，可以跟鄰居聊天。」

或是，「同事把難做的工作給我做，應該是看重我有這個能力完成，讓我有發揮實力的表現機會；同事把不能成交的客戶丟給我服務，剛好可以讓我練習說明公司產品的機會，萬一，我又把不可能變成可能，哇！那我業務行銷的功力就大增，主管也

會對我另眼看待，這實在是太好的機會了！」

◎子蘭小語

想人的好，自己獲得快樂。

想人的不好，自己先得痛苦。

否認：拒絕感知，害怕被咎責

這是一種拒絕知道的心理狀態，
以為只要自己說「沒有」「不知道」，事情就不存在的駝鳥心態。
有時，當拒絕感知或是認知不足時，也會出現無法面對問題的逃避心態。

一般人最原始、最簡單也最常用的，就是使用「否認」機制。例如：有人懷疑老公外遇，老婆雖然也感覺到老公不太對勁，但心中一直不想去面對這件事。結果有一天，她的好朋友發現了此事，於是基於好友立場，決定告訴她。

「我不知道要不要告訴你……但是前幾天，我看到你老公跟一個女人很親密的走在一起……」

「應該是同事啦，你不要誤會！」

「可是我還看見他們手牽手有說有笑，很像是情侶！我是要提醒你，還是要注意一下。」

「不會啦！我先生對我很好的。」

也許老婆自己其實心知肚明，但跟朋友對話時，卻是一直用否認來回應朋友。老婆的心理狀態是想保護自己，避免自己因爲陷入老公外遇的事件，而讓自己內心不舒服，所以拒絕感知。

每當上課時，有人來問我，說如果發現某人的老公外遇，該如何做比較好？通常我會給的建議是：先不說吧！

我們不知道事件眞正的來龍去脈，也不能自以爲是的認爲人家老婆被瞞在鼓裡，什麼都不知道好像很可憐，硬要告訴人家老公的事情，其實說了，對朋友的婚姻也沒有比較好。

也許，當事人早就心裡有數，只是還沒有想到下一步該如何，還不想接受現實、避免痛苦，我們又何必急著給人說穿呢！

事後，發現原來老婆早就知情，只是想著孩子還小，不想說破是爲了避免夫妻之間的相處尷尬，實際上也沒過要爲了這件事跟老公離婚，所以，選擇當作不知道、當作沒有這件事。

有些人會否認老公外遇，是害怕自己萬一承認了，老公就會離開這個家，她自己無法面對這樣的結果。

小孩子也會運用「否認」，父母要能溫和調教

有個媽媽來諮詢時，氣急敗壞地跟我說，她的五歲小孩很會說謊，明明所有大人都在現場，就是看到他把新買的玩具弄壞，居然睜眼說瞎話，還一直哭說不是他、不知道是誰弄壞。

孩子明明有做卻不承認，媽媽無助的問我：「這小孩怎麼會這樣啊？」

我看了小孩的腦跡報告，內心是有恐懼、焦慮和不安的感受，於是我問媽媽，當她發現新買的玩具被弄壞時，是怎麼跟孩子對話的？

媽媽說她罵了小孩：「這玩具爲何壞了！怎麼才買給你就弄壞！下次再也不給你買玩具了！」

「不是我！」小孩反駁。

「不是你！那會是誰?!」

「眞的不是我！」

媽媽氣極了：「明明就是你把玩具弄壞的，爲何不承認?!還說謊，你實在太壞了……」

親子之間這樣的對話，孩子能不趕快否認嗎？

小孩子以爲否認到底，可以避免被父母處罰，但父母卻會更生氣，認爲孩子明明做錯事還不承認！

這就是不懂管教的方法了。

在教育孩子偏差或不當的行爲時，父母可以用溫和的對話方式，來引導孩子學會正確的態度。例如可以這樣說——

媽媽：「玩具怎麼壞了呢？你一定也很捨不得吧！」

孩子：「我也不知道，爲什麼我一壓玩具就壞了！」

媽媽：「是這樣啊！那我們一起來看看能不能修理好啊？」

孩子：「媽媽對不起，可能我太用力了，所以才剛買的新玩具，就被我壓壞了！」

媽媽：「我知道，你那麼喜歡這個玩具，一定也是不小心才弄壞的啊！」

孩子：「媽媽，下次我會小心的，我會輕輕地玩玩具。」

父母的教養態度，讓孩子啓動否認機制

父母在孩子犯錯時能溫和調教，才能培養出小孩敢承認錯誤的勇氣。如果是經常

性責備或打罵，孩子自然就會啓動否認機制來保護自己。

曾經我和女兒在聊天時，聊到她在餐廳打工時遇到的狀況——她說一個大約中班年齡的孩子，在餐廳裡用餐時，不小心把碗打翻掉到地上，她的媽媽「啊！」一聲後就罵道：「你在做什麼?!」孩子則是一臉無辜。

女兒見狀隨即就問這個小男生，「你嚇到了嗎？沒關係，沒吃飽的話，等一下姊姊再給你一碗哦！」小男生害羞的點點頭。

此時，這位媽媽在旁邊說：「自己打翻的，別給他！」

女兒當下沒有太理會這位媽媽的情緒，反而對著小男孩說：「我們一起來把它收拾乾淨哦~我給你一個神奇紙巾，我們來把地上的湯汁全部吸光光！」

小男生於是跟著一起擦，還主動跟女兒說：「對不起，我把碗裡的湯打翻了。」

最後，女兒送上一個小點心，告訴小男生說：「這是你自己打翻，但有一起整理的小禮物哦！」

女兒事後問我，這媽媽的脾氣那麼差，孩子又不是故意的，凶孩子，只會讓他更害怕，又不能解決問題。

是的，如果成長中的孩子，因爲在他身體動作協調能力尚未發展成熟下，打翻東西就被嚴厲的責備或處罰，那麼這個小孩就容易產生不成熟的防衛機制，以後只要被罵，就容易先說成：「都是別人害的，所以我才會打翻！」推卸責任的說詞，以為這樣說，可以讓自己避開被罵，這就是產生自我保護的防衛心態了。

錯誤的管教方式，會發展出否認的防衛

有天我在房間裡休息，客廳傳來一些爭吵的聲音，大人們一直要求四歲的小朋友豆子向舅舅道歉，但豆子就是完全不肯說。

原來是豆子亂丟玩具被大人罵，還因此弄痛了舅舅的腳。

私底下我問豆子，剛才是怎麼回事呢？

「我是不小心的……」

「原來是你不小心的嚇到舅舅了。」

豆子對我點點頭。

「所以，那我們可以跟舅舅說什麼呢？」

豆子回我：「要說對不起！」

「太棒了！」

結果豆子自己就主動跑去跟舅舅說：「對不起，我愛舅舅，我下次會小心的！」

這事件的一開始，就是防衛機制！豆子被提醒了，但不聽話還傷到舅舅，豆子知道理虧，又被當眾要求道歉，本能的保護自己，所以不說道歉。而其他的大人要求一定要說對不起，豆子的內心就越防衛。

當我知道後，沒有批評豆子，而是帶他到旁邊，關心剛才是怎麼回事。不是責備句，所以他不用防衛，於是「良知」出來，反而願意主動向人說對不起。

這就是情境刺激下的本能防衛。

四歲孩，不用教，都會使用本能的防衛機制，成人的防衛面具更是精采。

過度使用否認機制，會讓自己困惑在問題裡

當遇到問題或被質疑時，你的第一個反應會是「我不知道！」或是「我沒有！」嗎？

如果是，那就要提醒自己，**不能過度使用否認機制，否則到最後自己的內心就會錯亂**。

如果遇到事件一直否認，要學習察覺自己，究竟是不敢面對真相，還是不想面對問題？是束手無策嗎？

如果老是用逃避或否認，來應付自己內心的不安，問題它不會自己消失，反而會讓自己困在問題裡。

◎子蘭小語

眞正的面對問題，才能找到自己內心的平衡。

歪曲、誇大：內心自卑，才會扭曲事實來自保

用誇大的想法來保護自己受挫的自尊心，例如公主病。
凡事要人順從、服侍，來保護自己高傲的假自信。
因為內心自卑，而更誇大不實的榮耀自己。

曾經有個先生跟我抱怨，他的老婆每次只要自己情緒一上來，就要求他必須低聲下氣的道歉、要求他哄她，但有時候自己的情緒，眞的也會被她惹惱，實在不想順從她，結果更麻煩，老婆就會一直吵、一直鬧，甚至胡鬧到整晚都不用睡覺，繼續發更大的脾氣說：「我不管，你就是一定要把我哄到開心，不生氣爲止！」

「哎！我的心實在有夠累的！想想，這樣的婚姻乾脆離一離算了。」這位先生失望難過地說。

別把自己的選擇歸因到別人身上

上課時，我經常提醒學員，人要爲自己的情緒負責，不能苛責他人，不能老是把自己無法控制的情緒，都說成是因爲你！就是你惹我，所以我才生氣！

人的心底深處還是有一個良知在把關，總會知道是自己的無理取鬧，在不被他人順從、自己又找不到台階下的狀況下，就會想避免自尊心受損，於是使用了這個歪曲的防衛機制來保護自己。

有次和朋友聚會，結束後有個朋友打電話給老公，要求來接她回家，可能因爲老公還在忙吧，便要她自己搭車回來。結果這個朋友超生氣地說：「哼！他居然敢不來接我，太可惡了，算了，我現在不想回家了，誰叫他不來接我！」

也有些人要求另一半到哪裡都要報備，在諮詢時就遇過這種個案。老公跟朋友去唱歌，沒事先請示，打電話居然都不接，等到老公回家就開始大吵，還說：「我有說你可以去嗎?!」

當時我聽完她的描述，笑著說：「哇，你好權威啊！」

還好，這位人妻很可愛，一經提醒，自己想了想說：「對吼！我好像太凶了，難怪我們經常吵架。」

為了自己的目的而歪曲他人事實

以自我爲中心的人，都要別人順從他、服侍他，一不如他的意就生氣，這就是假自信！眞正有自信的人，可以接受他人的拒絕，可以尊重他人。

電視新聞或政論節目，有時也會發現某些人在談論時事時，好像與事實不符，但卻講得好像什麼都知道，用自己歪曲的觀點來影響他人的判斷；也有些人隨便亂講的目的，是爲了符合自己個人內心的需求，而對他人所講的話斷章取義，是爲了自己背後的目的而歪曲他人事實。就像造謠，雖說謠言止於智者，但現在的智者好像不多。造謠，歪曲事實的言論，在現今的社會，反而會讓人更有刺激感，結果不斷的歪曲、不斷的謠傳，於是就製造了整個社會，甚至整個網路世界，都充斥著假新聞了。

經常歪曲事實的人，漸漸地也看不到事實的眞相了。

◎子蘭小語

要求別人爲你的情緒負責，就是在用誇大的想法，保護受挫的自尊心。

人不能爲了保有自己的自尊，而扭曲人事物的本來樣貌。

分裂：沒有百分之百完美的人

絕對的好惡，將他人看成絕對的善或絕對的惡，沒有灰色地帶。處理事物傾向於極端，由自己的情感好惡來做決策。

某天的諮詢，個案這樣跟我說，她的媽媽有非常明顯的分裂症，是非對錯很鮮明，沒有灰色地帶，不是對就是錯，好惡很兩極，結果把自己的情緒弄得非常差，到最後身體就付出代價，生病了。

記得我的小學時代，班上有一位同學，每次跟我吵架時，就會要求其他同學選擇是要跟誰好？只要說是要跟我好的，她就跟那一位同學切八段。回想起來，其實滿好笑的，反正就是要來個大分裂，不跟我好的，我就不跟你好，搞得全班一定要分成兩派，不同派的還不能相互講話。

顏色派別不同，就很容易產生敵意

我們的社會也會分裂，像是政治的顏色，有些人就是會把不同顏色的人，看成絕對的好與壞，好像顏色不同，就很容易有敵意。

有個朋友跟我說，她和婆家政治立場不一樣，因此公婆對她充滿敵意，好像犯了什麼天大的錯一樣，最後也不往來了。

認識的兩個年輕人，交往多年論及婚嫁，結果在兩家談親時，發現彼此所認同的政黨不一致，於是就被兩家父母要求分手，成了拒絕往來戶，這也是有某種程度的分裂症。

多年前有一部電影叫《分裂》，當看到片名時，便吸引了我走進電影院，因爲那時候的我正在進修心理學防衛機制，因此更好奇。

劇中的男主角凱文，因爲從小被母親家暴，心靈受到創傷，於是人格分裂產生了多重性格，有時是個溫和有禮的人，有時是充滿怨恨的人。印象中的一幕，他成了飛簷走壁、力大無窮具攻擊性的大怪獸，最後殺害了一直以來對他非常關愛的心理醫生。

因創傷而分裂出來的不同性格，目的是爲了保護自己脆弱的心。

走出電影院時，心中只有一念，當心理防衛徹底瓦解時，是怎樣也無法治癒得了的，就算是精神科醫生也無法，心理師、諮商師也是一樣。

沒有全然的善，也沒有全然的惡

所以，我深刻地領悟了一句話：**父母能給孩子的最大愛，就是守護他們的心靈健康**。

如果你了解心理機制，那麼應該就不敢隨便苛責或打罵小孩，更別說是家暴、肢體虐待、精神虐待，或忽視冷漠的對待嬰幼兒了。

大家要有一種想法，任何一個人都沒有絕對的善良和邪惡，換句話說，每個人都有善的一面，也有惡的一面，沒有全然的善也沒有全然的惡；沒有什麼是一定的好或一定的壞。即便是一個亡命歹徒，他也可能是個對父母孝順，對妻小愛護的人。

◎子蘭小語

不以自己的好惡來評論他人。

別讓自己陷入好惡鮮明的兩個極端，來影響對事的決策。

偏激的投射：都是因爲你，我才會這樣！

習慣把自己的過錯，都找一個人來怪罪。
從來不會思考事情是因為自己而起，
自己的不好統統是別人的錯，是他人害的。

在報章雜誌上看到社會新聞，有些危害社會的犯人被捉到時，會憤恨不平的將他的過錯，怪罪於政府對他不公、社會對他不義，所以他才會做出這樣的報復行爲。叛逆的青少年犯了法，怪罪於父母、親人、朋友不夠關心，所以他才會加入幫派。

桌上的杯子打翻了，怪罪別人爲何要放在這裡，害我打翻？走路跌倒，怪馬路高高低低的，爲何不鋪好呢?!

怪罪他人，來掩飾自己內心的不足

孩子今天的行爲會那麼糟糕，父親責怪都是因爲母親不會教；母親責怪都是因爲父親不重視家庭生活所導致。

跟另一半的關係會鬧到要離婚，都是因爲婆家人所造成。

離了婚的婦女，過著酗酒的糜爛人生，友人好意相勸，她反而生氣咆哮著說：「這一切都是因爲那個男人害我的！」

事業發展不起來，都是因爲你不借錢給我再投資。

自己不務正業，硬是怪罪天時地利人不和，時運不佳。

功課會讀不好，是因爲老師不會教、班上同學太吵，家裡沒有安靜的空間讓我讀書。

習慣性地把自己的失敗，找一個人來怪罪，這樣的人生眞的好累啊！

把自己心理上的缺陷，投射在他人身上，用怪罪他人來掩飾自己內心的不足，而周遭的親朋好友因爲不想被你的偏激投射，於是紛紛躲你更遠，這樣「我好，你不好」的心理地位，其實是很不對等的。

佛印禪師心中全是佛，所以看你是佛

宋代文人蘇東坡和佛印禪師有個經典對話。

有天兩人相對坐禪，蘇東坡打趣的問佛印：「你看我禪坐的姿勢像什麼？」

佛印禪師說：「像一尊佛。」

接著，佛印禪師反過來問蘇東坡：「那你看我的禪坐姿勢像什麼呢？」

蘇東坡回答：「你看起來像一堆牛糞！」

佛印禪師笑而不語。

蘇東坡回家後，很是得意的向蘇小妹炫耀，說今天贏了。

蘇小妹一聽原委之後大笑：「你輸了啊！大哥！佛印禪師心中全是佛，所以看你是佛，而你的心中全是牛糞啊！」

最後蘇東坡甘拜下風。

這個故事會讓你聯想到什麼呢？

你如何看人？

如何看社會？

如何看世界？

這些皆是自己心中的投射啊。

◎子蘭小語

任何事一定要怪罪於他人，這是偏激的投射。
習慣性地找個人來怪罪，這樣的人生會好累。

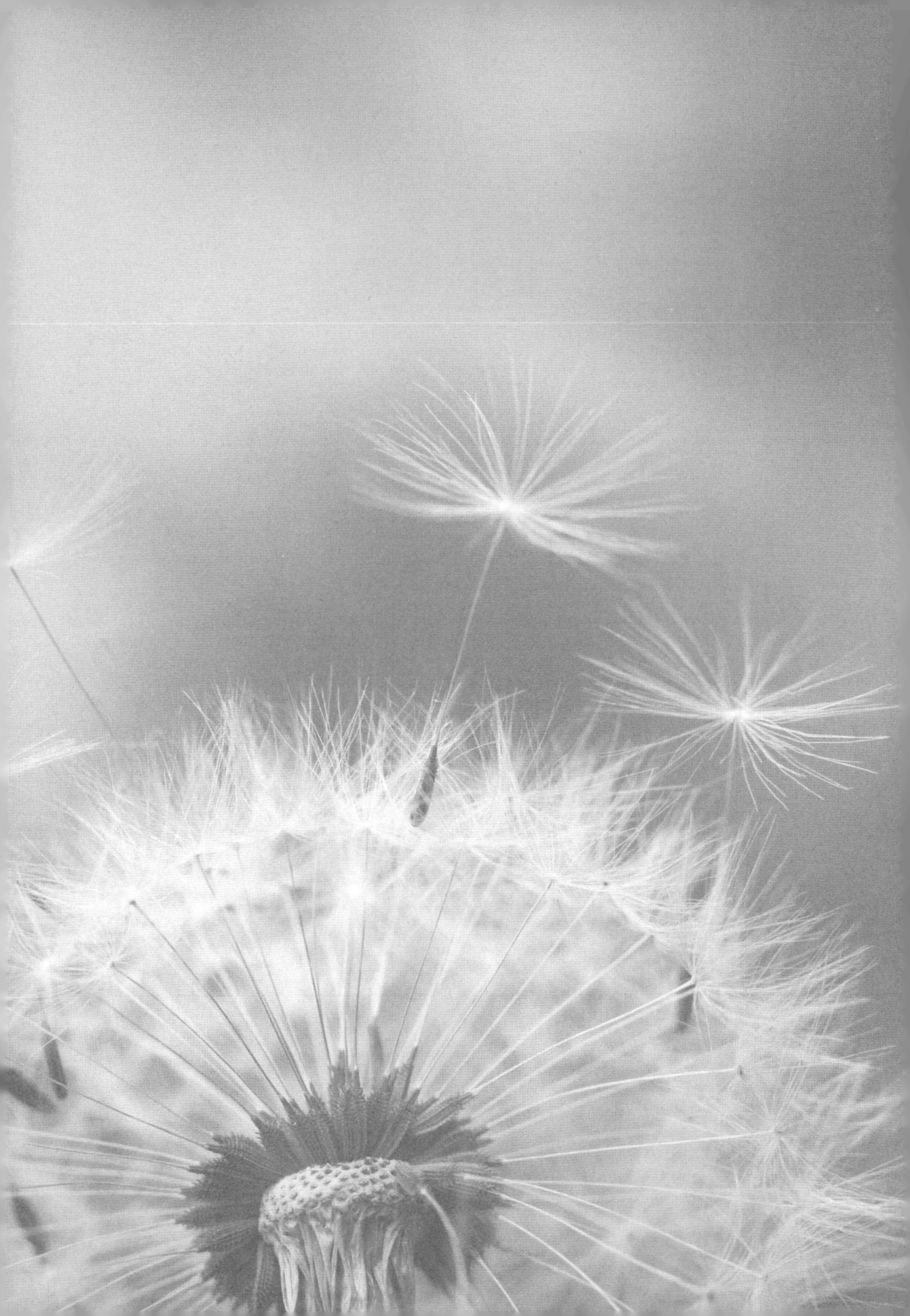

PART 3
老闆總是愛挑毛病 ?!
——不成熟的防衛

想減輕威脅或令自己不舒服的感受而使用這種不成熟的防衛。
過度使用的成年人容易成為不良分子，會出現心智不成熟、很難溝通，嚴重脱離現實，導致無法因應生活的能力。不過青少年使用這種防衛則被認為正常。
在這個階層包括了直接行為（衝動）、幻想、理想化、消極攻擊、投射、投射認同，以及身心症。
許多成年人，應該已有成熟的個性，卻還是不自覺的使用不成熟的防衛，例如在日常的生活上，過度強烈的感性表現，把喜怒哀樂的情緒完全表現在臉上，順他意就高興，不順就衝動的想打人，這就是一種不成熟的行為。新聞不時會聽到，男生因為看到前女友交了新歡，一時衝動憤而行凶，無法控制自己的情緒，而釀成不可挽回的憾事。
另外，心智不成熟的形成原因之一，就是童年時期處在不當的管教方式中成長。被溫暖對待過，才能讓一個人的心理能力發展成熟。

直接行爲、衝動：情緒一來，想罵就罵，想打就打

衝動，想到什麼就直接行動。
很直接的就把潛意識本能欲望表現在行為上，
本我大於超我意識層面無法控制，是不自覺的直接反應。

在諮詢的時候，只要看到報告書上的潛在性格（心智成熟度與協調能力）是「衝動容易與人爭執，而常有攻擊傾向」，我都會這樣對個案說：

「一個人會衝動，可能是活動量大，體力太好，要不就是被管教不當。」

如果小孩是因爲體力太好而行爲躁動，可以透過運動，發洩過多的體能，也能讓小孩慢下來，安靜穩定。

但如果是因管教不當所引起，被不當對待的人，情緒自然就不容易穩定、行爲會表現出不成熟，所以父母不要習慣性的嘮叨或罵小孩，不然小孩就容易更衝動、更無法穩定。

一有情緒立刻激烈反應，好惡表露無遺

小孩、青少年衝動，其實都還算正常。在面對幼小孩子的衝動行爲，要保護避免受傷；如果是個體化行爲的衝動，沒有危害到自己或他人的安全，那就不要干涉，盡情的讓他們從走、跑、跳、攀、爬、追逐等，發洩過多的體力就好。但如果是社會化會影響到他人的衝動行爲，那就要溫和的帶開，並嘗試解釋理由說明原因。

反觀成年人，如果做事還衝動，這就不成熟了。有的人眞的是這樣，腦袋瓜一想到什麼就立刻行動，一有情緒，好惡就全都表現在臉上或肢體動作。對任何事情的發生過程，也不會經過大腦稍微想一下對或不對，情緒一上來，想罵就先罵了，想打人動手就打了，但對自己所表現出來的情緒行爲，當下卻毫不知情。

有些父母本身就是衝動型的，遇到孩子的問題就直接馬上反應，而且直接反應的情緒，幾乎都是非理性的！因爲衝動而開罵，等知道眞相後，又開始後悔。

如果父母老是用衝動的情緒反應來看待孩子的行爲，那麼孩子將來就容易壓抑，或無法表達內心的情感或欲求，甚至沉默不語、失去鬥志、喪失自信，然後把耳朵關起來，對父母的指令充耳不聞來消極攻擊，或是比父母更衝動先發制人，在父母發火

之前，先爆哭或尖叫。

最近剛好遇到一個個案，他說他的小孩在學校被同學不小心撞到，當下感覺很痛，直覺地反手打了對方一耳光，事後對方家長也非常生氣，質疑打人耳光的小孩有情緒障礙，要求父母出面處理。這個小孩事後也覺得自己太衝動，所以接受學校老師處罰去打掃公共環境。

這是小孩衝動所付出的代價，但大人就不同了，曾有則新聞，一名男子在超商因故打人耳光，事後被依傷害判刑五個月，公然侮辱判拘役三十五天，易科罰金十八萬，這就是衝動的代價。

常常因為一時衝動，事後悔不當初

我們是否常常在一個動作或一句話出口時，才覺得剛才實在太衝動了？諮詢工作中聽到太多例子，都是一時衝動，事後悔不當初。例如：跟主管一言不和，當下收拾走人，但事後一直找不到工作而懊悔不已。

曾經有個上班族，我們約午後諮詢，坐下來談的時候，剛好看到她的報告寫著「衝動的性格和容易有不成熟的舉動」，於是我建議她，做事要三思而後行，不可以衝動行事。

她突然瞪大眼睛看著我：「老師，我剛從公司離開時，才跟主管大吵一架！那現在怎麼辦……吵成這樣，明天我怎麼進公司上班啊?!」

「正常上班啊！」我說，「遇見主管時，就點頭微笑打招呼，說聲早！在適當的時候，表明自己昨天的態度有不對之處，還請主管大人不計小人過。」

一時的情緒容易壞大事，忍一時風平浪靜海闊天空。

也曾有個媽媽找我諮詢親子關係，她的目的是想知道孩子的內心，有沒有因爲父母離婚而受到影響。

「每當到了探視日，前夫的家人要來把孩子帶走，小孩激烈的哭鬧聲，說著『我不要去！』但又被強行抱走，我的心都在痛。」

這位媽媽說，其實當時吵著要離婚時，是因爲她無法控制自己的情緒，吵久了，先生就同意離了，只是沒想到，衝動離婚的代價竟是由孩子來承擔。

情緒衝動時，設法讓思緒先穩下來

人與人之間，常常是一句話聽不順耳，就衝突起來，然後一人一句，口氣越來越激烈，誰也無法再被刺激，一怒之下，就做出無法挽回的傷害。時有所聞，夫妻吵架，抱著孩子跳樓；手足朋友口角，最後竟然開瓦斯放火，最後家破人亡。事後再後悔，也無法改變了，令人惋惜。

衝動的例子真的很多，曾看過一個經典的教養故事：

有個頑皮的孩子，把爸爸新買的車刮了一道長長的痕，爸爸在盛怒之下，衝動的把孩子吊起來打，小孩的手因爲長時間被綁住而細胞壞死，從此截肢失去了一條手臂。

當爸爸開著修理好的新車回家時，小孩用無辜的眼神問：「親愛的爸爸，請問我的手，什麼時候才能修好呢？」

每次分享這個故事，內心都有一股莫名的感傷。

當情緒衝動時，請設法讓自己的思緒先穩下來，不管是深呼吸、轉移注意力、離開情緒衝突的環境都好，直接反應行爲，實在是不成熟啊！

星雲法師有一著作《我就這樣忍了我的一生》，再想起這一書名，我的感想是：

忍不是認輸，忍其實是修自己的氣度啊！

◎子蘭小語

要管理情緒，而不是被情緒牽著跑。

要駕馭情緒，而不是被情緒操控。

幻想：光想不做，問題不會自動解決

當人遇到困擾卻無法實際解決問題的時候，
會用想像的方式來處理困難，來獲得自己的心理平衡。

多年前我買了一件有腰身的洋裝，穿過幾次後，身材漸漸中廣了，腰身變得好緊，穿起來要一直深呼吸，實在是太辛苦了。但每次打開衣櫃，望著這件華麗的洋裝時，心中都會起了一個念頭：「我想要變瘦！」「我希望可以再次穿它！」「我一定可以的！」

但，又好多日子過去了，我依然如故，洋裝還是一樣掛在衣櫥裡。

這就跟減肥一樣，我想減肥，但只是用「想」的，用「幻想」來讓自己變瘦，卻不是用正確的減重方式，來讓自己變瘦、變健康。幻想總有一天，我一定可以瘦回年輕時的體重，來安慰現在的自己。

「想」是沒有用的，「做」才有結果

後來我提醒自己，用「想」的並不能幫助自己瘦下來。

於是我花了大約兩個月的時間，實行一六八斷食法，選定十六小時空腹、八小時內可以進食的方式。當時選定的時間是，晚上七點吃完晚餐，隔天的中午十一點左右再吃午餐（早餐就略過不吃），餓的時候多喝白開水。

期間也搭配運動，踩飛輪一星期至少兩次，每次踩四十分鐘以上；另外是每天走路，至少六千步以上（目標其實是一萬步）。每當看到手機 app 上的計步器破萬、出現綠色的畫面時，心中就會升起一股成就感，我眞的有爲了想瘦下來，眞正的做出一些行動！

結果，我瘦了六公斤，很滿意這個結果。

距離標準體重，其實還可以再瘦個三公斤，那麼那件洋裝，就不會只是靜靜的掛在衣櫃裡了。

再次提醒各位，用「幻想」的，眞的不會瘦哦！

不願意面對現實，來改善和解決問題

我們再來探討一些幻想的例子。

有些父母看到孩子行為偏差的時候，並不願意眞正的去面對問題背後的原因，也不想好好學習正確的教養觀念和方法！不願意面對自己的教養型態，是否出了問題，或思考是否是整個原生家庭的情境、帶給孩子的影響，只是幻想著，孩子有一天自己會變乖、變好……這就是不願意面對現實來改善和解決問題。

一些問題青少年，他們用偏差的行為來引起父母注意。叛逆，是對父母平常不當的管教方式長期所累積的情緒，產生了反抗或是報復心態。結果父母面對叛逆孩子的偏差行為，採取忽略、逃避、眼不見為淨的態度，只是鴕鳥心態的幻想孩子自己有一天會變好。

在授課時，我經常會跟學員分享一個觀念：孩子用偏差行為來調教父母改變教養方式，父母用學習正確的觀念和方法來調教小孩。

教養情境不改，偏差行為怎麼導正?!

講話方式錯誤，夫妻永遠在衝突

夫妻吵架衝突也是一樣的道理。

有很多人在婚姻諮詢時告訴我，說他們夫妻一直在吵架，大小事都能吵，每天口角也不是辦法，吵久了感情都淡了，自己也覺得好累，也怕影響到孩子的身心健康。

夫妻若老是爭吵，可能是講話的方式用錯了。

想一想，你的生活中是不是常出現這些句子：

支配句、命令句——還不去煮飯、還不去洗碗！

批評句——飯菜煮得那麼難吃、笨手笨腳！

質問句——你是在做什麼?!你去哪裡了，怎麼現在才回來啊！

否定句——娶（嫁）你，眞的很沒用！

榮耀自己、自我優越感——如果不是我，你今天能過這麼爽的日子嗎？

鄙視、揶揄嘲諷——你實在有夠無能的，你是怎麼混日子的啊！

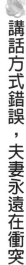

如果夫妻之間是用以上的說話方式，怎能不吵呢？

其實可以試著改變說話方式，在生活中對彼此多一點讚美，把榮耀給另一半，多一點的感恩、體貼和關心，**說話態度變了，人的感覺就好了**。

不說正面的語言、不想用溫和的語調、不改變過去對立的說話方式，只幻想著另一半什麼時候才會變好，你說這怎麼可能改變呢？

自己先改用溫和的說話方式，才能慢慢影響對方跟著改變。若用防衛機制來說，這情況就是你用敵意攻擊我的語言，我爲了保護我自己，也一定用語言來反擊你。行爲受到刺激，也是一樣的道理。

幻想問題會自動消失，這是不可能的

很多人喜歡幻想變得很有錢、以後可以住大房子、開好車、買很多名牌包，可以環遊世界到處玩……卻一點也不認眞工作，這就叫作「白日夢」！

也有人跟我說，想要讓自己過得快樂，想要讓生活可以過得滿意，但卻不做任何改善，只用想的，以爲問題就會自己解決，來達到內心平衡，這就不實際了！

無法實際面對問題，只是幻想問題會變不見，這是不可能的。

對現實世界感到不滿意，躲在幻想的世界裡，讓自己得到假象的滿足，這就是逃避的心態。

但如果你能用幻想來變成一件好事，那麼幻想就是好的。例如：把腦袋裡的幻想情節，變成故事，寫成一本書。像是《哈利波特》《怪盜亞森羅蘋》《福爾摩斯》《查理與巧克力工廠》等世界級著作，就是把幻想變成具體。

◎子蘭小語

孩子用偏差行爲來調教父母改變教養方式。

父母用學習正確的觀念和方法來調教小孩。

理想化：吹毛求疵的人，內心往往孤僻、猜疑

幻想的表現之一。
把人想得太完美，超乎人的實際能力，
容易幻想而欠缺實際，因此經常有不對稱之生活狀態。

諮詢的時候，經常看到許多人是理想化的認知特性。

對人的理想化、對自己的理想化、對孩子和另一半都要求理想，希望好還要更好，隨時都要表現在理想化的標準裡。

但要求理想化的人，內心感受紀錄，卻是孤僻、猜疑。

這意思是把人事物想得太完美，但他人或自己並無法達到那樣完美的樣貌，因此內心會充滿懷疑，不符合理想的表現，到底是自己有問題，還是他人的問題，反而讓自己孤僻了起來。

小孩喜愛潑水?抓錯問題所在

有位媽媽在諮詢時問我，要怎樣才可以不讓她兩歲半的女兒在洗澡時，不把浴缸裡的水潑出來?

「是潑出到浴室外嗎?」我問。

「不是，是潑在浴缸和馬桶之間的地板上，因爲這樣浴室的地板有水，會造成危險!所以，我不要她把水潑出來!」

「小小孩，洗澡玩水是多好玩啊!小小孩也需要有玩水的情境，被媽媽這樣限制好壓抑吔!」我這樣告訴這位媽媽。

媽媽自己想了想說:「也對!我的要求好像太理想化了。」

幼兒玩水是一個很重要的遊戲，問題不在於限制洗澡玩水時不能潑到地板上，而是可以引導孩子在玩水之後，如何一起整理!教導孩子正確使用工具，把浴室地板上的水刮乾淨，又滿足孩子玩樂，又可以學習到做家事，一舉兩得。

要小孩不可以生氣？重心放錯位置

經常會聽到父母對著孩子講：「你不可以生氣！」這也是一種理想化。父母遇到孩子生氣時，爲了要盡快平息小孩的負面情緒，於是就告誡孩子，不可以生氣！其實父母應該要先關注的，是孩子情緒下的內心感受。人不可能沒有情緒，當情緒上來的時候，該如何面對？該如何調節？而不是被禁止不可以生氣。

我總是會反問父母：你會對人生氣嗎？會有跟自己生氣的時候嗎？

當然答案一定是：會的。

大人自己都會有生氣對人的時候，爲何還會要求小孩不能生氣呢？

被要求不能生氣的孩子，會懷疑自己爲何做不到不生氣，也可能質疑爲何媽媽說不能生氣，但自己卻一直在生氣？

當孩子因爲有了情緒而生氣時，父母可以先表示關心：怎麼了呢？媽媽有看到你，感覺到你很不開心的樣子，是什麼事情？要跟媽媽說說看嗎？當你這麼說，孩子**感覺到被愛、被關注到內心感受，情緒自然就能轉好。**

不可以沒禮貌？也是理想化之一

小孩放學回家，進門時沒有跟坐在客廳的爺爺打招呼，於是爸爸就對著小孩說：「你過來，為何沒有叫爺爺呢？這樣是沒禮貌！你應該要跟長輩打招呼才對！」於是被爸爸說教的小孩，更不想叫人了，一臉不高興的跑進房間。

禮貌不是口頭說教來的，禮貌是被愛來的。

行為的背後要注重的是感受，如果孩子大部分的行為都是有禮貌的，只是偶爾的不想和長輩或跟人打招呼，那麼父母要有體貼的心來關心孩子，是否在學校裡遇到不開心的事情，或是累了只想休息。

有些父母會責備孩子：「你在外面不開心，回到家也不能沒禮貌！」這就是不同理孩子的心情，只是一味的理想化要求不可以不禮貌。

有些則是對另一半做理想化要求。先生要求老婆，應該要把小孩照顧好，還要把家裡打掃乾淨；老婆則要求先生，要努力工作賺錢，要提前回家，也要提錢回家！應該早點回家幫忙帶小孩，不要只是躺在沙發上看電視、滑手機……

父母則會理想化的要求孩子下課回來，就應該先把功課做完才能看電視；聯絡簿要主動拿出來讓父母簽名、便當盒要自動拿出來洗，起床、刷牙、洗澡、換衣服都不應該慢吞吞，動作要快點做好才是！

這都是對人理想化的要求。

過度理想化，會成為自己或他人的壓力

理想與真實情況有差距，關係就容易受到挫折，經常被要求高標準（理想）而做不到時，容易感到自卑。

真實的情況是，孩子會耍賴、會有不想做事的時候；大人也會有負面情緒的時候，也會有不得體行為表現的時候，這些都不應被理想化看待。

有些人對自己要求完美，告訴自己不可以生氣、不可以對人發脾氣，這就是對人格特質的理想化。

要求自己，我應該要更認真更努力，應該可以表現得更好，不該散漫無作為，不應該浪費時間空想，應該要積極的做事……

過度的理想化，希望好還要更好，賺了三萬，想要五萬，再來收入變十萬，又希望如果有二十萬會更好，但從不評估自己的實際條件，不考量自己的體力和時間。

心中要有理想很好，但如果過度的理想化，就會成為自己或他人的壓力。

太理想化的人，看不到自己的好，也看不到他人的努力，總想追求更好更完美、更理想的生活狀態，最後就成了自信但焦慮，永遠不覺得好。

有位媽媽跟我講電話，講著講著就哭了，她說：「已經上了那麼久的教養課程，可是怎麼還是會生氣地罵小孩，覺得自己好差勁……。」這位媽媽的腦跡透露出理想化的內在，老覺得自己應該可以再更好。

如果你開始察覺到自己有過度理想化的傾向，那麼請你對自己這樣說：

我今天能有這樣的能力過生活，其實已經很不錯！

如果你發現自己過去對孩子的要求太高，造成孩子焦慮自卑，那請你對孩子這樣說：「你才幾歲，能做到這樣已經很棒了喔！」

人生沒有什麼需要更好、更完美的，因爲現在、此刻的我們眞的能做到這樣，眞的很棒了呢！

◎子蘭小語

行爲的背後要注重的是感受。

太理想化的人，最後成了自信但焦慮，永遠不覺得好。

消極攻擊：放冷箭、做事拖延，都是不成熟的防衛

做事拖泥帶水，不敢直接攻擊他人，而採取間接背地的方式來攻擊他人。幾乎所有的人當內心對某人不滿意時，都會用這種防衛機制。

小孩最常用的消極攻擊方式，就是把耳朵關起來。

很多媽媽都常常抱怨小孩，例如寫作業愛寫不寫的，功課就算不多也是拖拖拉拉，每天都要一直催！媽媽要求孩子做的事，孩子完全無反應，任憑媽媽叫了老半天，就像是沒聽到一樣。

其實這就是消極攻擊，也是反應平時媽媽太嘮叨，所以孩子反感、不想回應，所以就聽不到了。

你說的我不聽，親子教養最典型的消極攻擊

舉一個親子互動的方式爲例——

媽媽：「兒子，準備洗澡了！」

兒子：「……」（當作沒聽到）

媽媽：「我叫你去洗澡啊！」

兒子：「……」（繼續沒反應）

媽媽：「你耳朵是有什麼問題?!我在叫你是沒聽到嗎?!」

兒子：「吼！你那麼凶，做什麼?!」（生氣）

媽媽：「我都喊幾次了!!你到底有沒有聽到?!」（生氣）

兒子：「很煩吔！我又沒聽到，就愛發脾氣罵人，每次都要那麼凶……」（生氣）

無論媽媽要孩子做什麼，孩子總先當沒聽到，總是要媽媽一吼再吼，聲音要越罵越大聲，孩子才會當一回事來回應，此時媽媽就會更生氣的說：「你主動一點，我叫你就去做，我就不用大聲罵人了啊！」

但問題是，孩子會對媽媽的叫聲不想回應，其實就是想表達心中對媽媽的權威或長期嘮叨的反感，想反抗又不敢的防衛。

如果在親子互動中出現的任何狀況，媽媽老是要用吼的才能讓孩子聽話，那麼將來孩子就容易變成盲從的服從強勢者，壓抑的心理狀態了。

小孩針對媽媽講的話當作沒聽到，媽媽要求做的事也愛做不做，對做事非常的不耐煩、能拖就拖，這就是親子教養最典型的消極攻擊。

冷戰不講話，夫妻之間的消極攻擊

夫妻因為價值觀意見不合、衝突吵架時，會用冷戰不說話的方式，來表達對另一半的不滿，這是不成熟的防衛機制。

老婆反對先生玩網路遊戲，一個月要多花好幾千元購買遊戲點數，非常不高興，覺得生活開銷已經夠吃緊了，還有小孩要養，先生還是一樣不節省。

於是在一次大吵後，老婆採取冷戰的方式，不跟先生說話。夫妻若有事要溝通，就透過孩子傳話。

但夫妻冷戰不說話，不小心卻讓孩子有了機會，說謊話來騙父母。

小孩對著媽媽說：「爸說他沒有零錢給我午餐費，叫我先跟你要哦！」說完又轉身對著爸爸說：「媽說她身上沒有錢了，我要吃飯，怎麼辦?!」

因爲父母冷戰中，也不會彼此求證，於是孩子利用小聰明，騙了父母。

所以就算是夫妻吵架，遇到了孩子的問題，還是要溝通，否則壞了夫妻次系統，連帶的也會影響到親子關係的次系統，整個家庭的功能就亂了！

夫妻間有效溝通，要少用批評句

冷戰是最低落的情緒等級，也是最不成熟的情緒表達方式。有事不溝通，以爲用這種方法，可以讓對方反省，進而妄想對方能改變，這怎麼可能呢？

夫妻往往在一次的吵架冷戰後，變成長時間不講話，大家都愛面子、重視自尊，誰也不願意先開口，久而久之形同陌路，最後就變成了最熟悉的陌生人。

夫妻之間容易因爲男女大不同的感受差異、性的需求不同，以及家務分工的公平感受等，而產生價值觀不一致的衝突，如何有效溝通，是夫妻之間非常重要的功課。

講到婚姻的溝通，首要之務是對另一半少使用批評句、不同意、抱怨、貶低人的語言。例如：前述的老婆因爲先生不懂節制，把錢浪費在玩遊戲上，老婆說話的口氣是——

「你怎麼可以這樣亂花錢！」——**批評句**。

「我有說，你可以買嗎?!」——**否定句**。

「嫁給你，生活過得那麼累，我都省吃儉用，你卻……」——**抱怨句**。

「你不想想，你一個月才賺那麼一點錢，沒能力還敢亂花錢！」——**貶低他人**。

想想，如果老婆總是這樣說話，夫妻肯定是要吵架的。

或許老婆可以換換以下的語氣——

「老公我很認同你想要買遊戲點數的心情！」——**同意句**。

「平常認眞工作，想玩遊戲放鬆一下，也是有需要。」——**肯定句**。

「如果你覺得我們家扣除開銷後的預算還夠，那你就買吧！」——**支持句**。

對於婚姻的說話溝通方式，可以練習套用同意、肯定、支持的說話態度，才能眞正的有效溝通！例如：先生想要換車、老婆想要換大房子均可這樣使用。

心中有成見，職場的消極攻擊

我曾在公司開會時，和老闆、同事之間意見不同、有了情緒，所以當時我使用了不成熟的消極攻擊。

在討論工作方向時，當被問到有什麼看法或想法或意見，因爲情緒不佳，我就一直丟出：「我沒意見！」「我也不懂！」「我沒想法」「都可以啊！」「公司決定就好。」這些話語，其實這是因爲自己的心中對人有成見的消極攻擊。

同事之間也會因爲在工作上的表現而彼此競爭。有些人會在看到他人表現的比自己還出色時，不願表達對同事的肯定，而選擇在同事的背後酸言酸語：「還不就是老闆比較看重他！」「他以爲他這樣就有多厲害，多了不起嗎?!」

要注意，這都是所謂的消極攻擊。

當你對人生氣，卻不講出眞正的原因；當有人問你看法，卻故意不願講出眞話；當該做的事情放著不做，卻故意拖延時間；當有人對你說話，懶得回應、當成沒聽到。當我們在背後批評指教他人的種種時，這些都是不成熟「消極攻擊」的行爲表現。

你是否察覺到自己有這些行爲呢?是偶爾呢?還是經常性?

如果是經常性的，就要學習自我控制，別讓自己不成熟的防衛情緒，影響到自己的人際關係，扭曲了自己的價值觀。

其實，很多的衝突是來自於你要我也要、你想爭我也想爭，如果經常重複所謂的衝突而讓你覺得累了，那麼你可以試試，讓自己的心先穩下來。

當情緒穩定了，然後往自己內心看，直到看見對立的兩方彼此內心的需求，「衝突」就沒了，自己也成熟了！

◎子蘭小語

冷戰是最低落的情緒等級，也是最不成熟的情緒表達方法。

學習控制不成熟的防衛情緒，以免影響人際關係，扭曲了價值觀。

投射：習慣說別人錯的人，自己永遠不會進步！

投射是最簡單的妄想症。

自己不能表現的、不敢表現的、不能符合社會規範的心裡想法、動機、欲望或情緒都歸咎於他人，進而以為自己可以得到解脱。

人很容易將自己的經驗投射在和別人的互動上，然後認同或否定。

例如：一個人過去有悲傷的經驗記憶，看到別人悲傷或可憐時，自己也會悲從中來，或同情或憐惜這個人。

又，一個人若曾遇過「少小不努力，老大徒傷悲」影響家人生活的人，就容易有「可憐之人必有可恨之處」的感覺，而不覺得這人值得同情。

王國和教授在智慧講堂曾說過：「習慣說別人錯的人，自己永遠不會進步！」

男生愛女生，愛慕之情投射到他人身上

每個人對一個事件的看法，總反映背後的心理狀態，先不談對錯，也不急於否定或質疑他人的「想法」很奇怪，但我們可以練習思考，是否「投射」了自己潛意識的那個部分，避免讓自己耗能量在慣性的評斷，或批判中而不自覺。

人與人的相處最大的好處，就是能有相互「投射」的機會，可以在「衝突」的對立中，不斷的發現「自己」。

還記得小時候你也玩過「XX愛OOO」的遊戲嗎？

小男生對著同學說：「周品睿愛李子晴！」被點名的小女生馬上大叫：「才沒有！」小男生吐著舌頭、做鬼臉，接下來就上演小女生追著小男生打的戲碼。

其實很多時候，小男生喜歡這個小女生卻不敢講，故意說是某某男生喜歡她。好可愛的一幕，這是很單純、很純眞的投射。

成人也會有這樣的投射，自己暗戀某人，卻說成是別人在暗戀某人。

在辦公室裡，一群同事在討論單位裡新來的男主管。大夥說這男主管又高又帥又有能力，對人客氣又溫柔，聊著聊著，其中一個女同事說：「我跟你們說哦，那天我看到有個女同事，買了一杯咖啡請主管喝吔！我猜，她一定是在暗戀他！」

這樣的耳語，是否有點熟悉呢？

其實，這可能是把自己心中的愛慕之情，投射到女同事身上了。

另一種則是辦公室的八卦。

「你們知道誰跟誰私底下的曖昧關係嗎?!」

「哎！我從他們互動模式和表情中就知道了，他們的關係非比尋常，可是他們都結婚了吔！怎麼還會做出這樣的事來呢？眞是太那個了啦……」

說人是非者，自己就是是非人。

其實說人八卦的這位，與另一半離婚很久了，本來以爲這個已婚的男同事能欣賞自己，但內心又礙於這是不被認同的道德標準，因此把自己心中的曖昧投射在另一個女同事的身上了。

這小學生都會玩的把戲，差別在於小孩世界單純，成人就心機不良善了。

投射過去的陰影，練習擁有現在的幸福

一個中年婦人從小被親生父母送出當養女，由於養母對她的管教非常嚴厲，因此高中時就選擇離開家鄉北上念書，原本想說可以逃離這個嚴厲的家庭，但沒想到卻

因爲涉世未深，認識了一個不務正業又酗酒的男人，可以說是遇人不淑，於是在產下一女後，帶著孩子過著到處逃跑的日子，深怕被這孩子的爸爸找到。

就這麼過了一大段水深火熱的日子，把自己的青春歲月給葬送了。

也許是人生中的苦日子，都在年輕時苦過了，老天爺讓她遇見了一個眞心對她好的男人，這一好就是好了近三十年，可是她卻不是很快樂。

現在的老公對她好得沒話說，關心她吃、擔心她累，天天陪她聊天、散步、運動和一起工作，把繼女也當成是自己的女兒疼。如今她六十多歲，算是熬過來了，兒女孝順，自己的身體也算健康，也有一些積蓄，日子算是過得不差。

但是這個幸福無可挑剔的生活，卻因爲失智的高齡婆婆，引發她內心深處恐懼陰影的導火線。

原來在她內心深處，還是一直害怕著當年嚴厲的養母。一直不敢反抗婆婆罵人毫不客氣的個性，婆婆對人說話冷嘲熱諷、酸言酸語，自己年輕時一直忍著，現在卻讓心理防衛潰堤。

身邊好多個愛她的家人都不解的問：「爲何都走過來了，現在的日子也好過了，怎麼反而過不去了呢？！」

在諮詢分析時，我覺得是因爲她過去的生活比較苦，要忙於三餐養小孩，所以把自己的心思寄託在工作賺錢上，沒有時間多想，現在孩子大了熬出頭了，但時間也閒了，於是內心深處沒有被處理好的壓抑情結就跑出來了。

雖然現在的先生人品非常好，對待她的好也無從挑剔，但自己還是有種不安感，這就是因爲內心投射了過去傷她很重的前夫。

兩個小時的談話，這個媽媽笑了開來，情緒應該是有釐清了，她頻頻點頭微笑著說：「我知道了！我懂了！」

想著當下自己所擁有的那些幸福，是要練習的。否則很容易一不小心就投射了過去的陰影！過去不幸福也就算了，又讓現在與未來也一併賠進去，那一生就難有幸福感了！

對父親不捨的情緒，投射到媽媽的身上

有個認識很久的學員，一直不敢來找我諮詢，因爲她覺得自己還沒準備好要面對內心的那個「心結」，不過這次勇敢來了，說該面對的還是要面對。

看著她的書面報告，我問她想談什麼事呢？

她深深的嘆了一口氣，在深呼吸之後緩緩地說：「我的父親在十多年前發現癌

症，幾個月後就往生，我的內心深處從此有個結過不去。

「雖然父親在往生之前的幾個月都是我在照顧，我也問心無愧，但是當我從父親的朋友口中知道，原來爸爸的情緒鬱悶是因爲媽媽，媽媽在婚姻的情感上背叛了爸爸，但爸爸生前一個字也沒跟我們兒女抱怨過媽媽。

「而且，媽媽在爸爸往生後又立刻交往新的男朋友，這讓我的內心更爲震驚，覺得媽媽怎麼可以這樣?!於是我變得很不諒解媽媽的行爲，甚至覺得爸爸會生病，完全是因爲媽媽的背叛所造成。

「因此，我不想與媽媽有什麼連結，甚至非常討厭與她互動，但卻也讓我自己非常的不快樂，反而很不喜歡變成討厭媽媽的那個自己。」

我問她：「你是否因爲爸爸突然的生病離去，心裡無法接受，而把對父親不捨的情緒投射到媽媽的身上了？是否認爲如果媽媽不出軌，那我的爸爸就不會離世?!」

她哭紅了眼看著我，無法回答，最後想了想說：「是沒有一定!」

「你的爸爸很偉大啊！」我說：「爲了不破壞媽媽在你們心中的形象，選擇隱忍不說自己與媽媽的情感世界。人各有因緣，總有各自的因果，如果媽媽不出軌，爸爸也不一定就不會生病，這不能畫上等號的。」

她聽了也覺得有道理。

祝福她，能夠化解心中對媽媽的不諒解。

小三也投射出「小三」經驗？

上課中一個女學員很不耐煩的說：「只要我在公司跟男同事講話被老公看見，我老公就會用懷疑的口氣跟我說，你是不是跟男同事有曖昧？我就很生氣的回他，你是有病嗎?!莫名其妙，我不過是跟同事討論工作！」

我回答說：「你的先生有可能是投射了什麼經驗，但也有可能是因爲內心缺愛，安全感不足，但我們可以把他想成是可能太在乎我了、太愛我了，正念思考，讓自己開心些也好。」

爲什麼老公會這麼擔心懷疑？容易懷疑他人的原因，可能是因爲自己從小的心理需求沒有滿足，導致沒有自信，缺乏安全感，但也可能是因爲他的投射。例如：先生曾經有過這種經驗，公司同事就是這樣談公事，談著談著就出軌了，於是就投射在自己老婆的身上。

但也有一種可能是，因爲自己跟女同事聊天，聊著聊著心裡就產生了對女同事遐想的經驗，而投射出每一個男同事，都會對女同事有遐想。

曾經一個有外遇的先生，問了我一個問題：「外遇的事情老婆已經知道了，如果老婆硬是要離婚，然後我跟小三結婚，會怎麼樣?!」

「這很難說！能從此過得好，那是最好，我也祝福你。」

但人都有投射心理，小三會不會投射她自己曾經是小三的經驗呢？只要你說要出去買個東西，然後好幾個小時才回家，或要工作出差個幾天，她會不會懷疑你，是不是跑去跟別人約會了？因爲你以前也是這樣，騙了老婆跑出來約會的。

人是這樣投射自己的經驗的。

有的人離了婚，從此與小三修成正果幸福過一生，有的人是一個不如一個，把好的老婆換掉，怎知來個更差的，這就是個人的造化了。

我的恩師王國和教授最常講的一句話：「離婚後，三年見眞章。」這跟自己的修養有關。

破壞婚姻有可能是因爲外遇行爲，但也可能是因爲壞脾氣而造成的，如果是你自己破壞婚姻，那麼因果自負。

媽媽的焦慮難過，投射了自己的童年感受

有個媽媽的小孩，在幼稚園裡被老師體罰，媽媽內心感到非常的焦慮不安，深怕孩子內心會不會產生什麼陰影，於是來諮詢。

我們談著談著，媽媽說出她自己的童年記憶，好像是在幼稚園大班時，她因爲不喜歡吃學校的點心，把吃進去的點心吐出來的當下，就被老師賞了一個耳光，從此在她的記憶裡，留下了幼稚園老師很壞的印象，因此，當自己的小孩上幼稚園，就很擔心孩子在學校會不會有狀況。

還好，報告裡感受都算是好的，並沒有媽媽想得那麼不好，原來媽媽的焦慮難過，是投射了自己的童年感受。

我們習慣把自己焦慮的情緒，投射在某一件事情上，好讓自己可以有繼續焦慮的理由，事實上被投射出來的故事情節並非原貌，但我們已經很習慣在自己妄想的情節裡生活。

容易用自己腦袋裡的想法去看別人，這例子實在是太多太多了。

面對同一件事，不同人的感受都會不一樣。例如：兩個人同時遇到一個表情很冷漠的人，一個人說：「這人可能是看不起我！」另一個人卻說：「他可能是心裡嫉妒

我過得太好。」

這就是一樣月亮兩樣情的各自投射了。

◎子蘭小語

人總是不經一事，不長一智，慢慢體悟人生中的大小事。

猜測他人腦子裡可能或應該的想法，其實都是自己內心的投射。

投射認同：仰賴他人認同，就無法走出自信人生

太在意他人的肯定，潛意識裡便投射出了一個有能力的人來認同我，也就是說，潛意識找了個人來肯定自己，亦即模仿崇拜。

不知道從什麼時候開始，我的腦袋裡偶爾會出現一些想法，懷疑自己的能力。例如：準備寫書，就想著書會不會出不了？好像會寫不出來？如果眞的出版了，會有人買嗎？會有人想看嗎?!

甚至有時候也會覺得，別人可能不是那麼喜歡我、覺得自己其實也沒有那麼好、覺得外型不太好看，會不會給人感覺有點「俗氣」?!

當出現一些負向的想法時，我開始認眞的反思自己，於是有一天想到了一個方法，可以用「他人的評價」來認識自己。

大家對我通常是什麼評價？

我開始回想，大部分的人是如何形容我的？

給人感覺很溫暖、非常有親和力、可以療癒人心、很有氣質、能量很舒服、非常的正向、說話的聲音非常好聽……這些都是大部分人對我的評價。

但為何我對自己的評價卻是自卑比自信多呢?!

我開始思考我自己，我，到底是怎麼了?!

直到有一天，我發現了自己的防衛機制，原來是太在意特定他人對我的評價，反而忽略了多數人對我的肯定與認同。

由於太在意他人對我的肯定，於是在潛意識裡，自己便投射出了一個有能力的人來認同我，也就是說，潛意識找個人來肯定自己。

一直以來非常欣喜、也非常的依賴這個自己投射出來的上位者，這個人在我的心目中非常的重要，因為此人會對我提出來的想法表示肯定、會讚賞我的工作能力、會對我所有的表現都表示認同，自己相當滿意這樣的互動關係。

自己投射出一個人來「認同」自己

直到有一天，這個投射出來認同我的人，居然不再符合我的需求，變得完全不認同我，開始否定我的所有想法及作法。這使我非常的錯愕！

「你」怎麼可以不再認同我呢？

這瞬間，讓我失去了自信。因爲不再被上位者認同，所以開始懷疑自己，也開始討厭這個人，質疑這個人爲什麼不再肯定我？這……一定是這個人的問題！

有一天，我恍然明白，原來這就是我自己的投射認同。

原來是自己缺乏自信無法自我肯定，所產生出來「不成熟的心理防衛」。

就是這個發現，讓我整個人打通任督二脈，啊！原來我也使用了不當的心理防衛。果然，這不當的心理防衛眞的是無所不在！

於是我練習換個想法：每一個人都是獨立的，每個人都有獨自的性格跟個別的喜好，不可以因爲希望自己能被肯定，而投射出一個他人來肯定我，這樣對被我們投射認同的人來說，非常的不公平！

你曾經投射認同過哪個人來認同你嗎？

是否當這個人不再認同你的時候，會覺得很落寞？會覺得這個人不再肯定你的好，而讓自己變成自卑呢？

發現了自己的不成熟，就是成熟的開始。

放下了投射認同，重新檢視自己，找回自己的定位點，於是我運用了自我概念檢核問話。

自我評估：我怎麼看我自己？

□我的外表長相是如何？

□我有什麼樣的能力？

□我有什麼興趣？

□我的情緒反應是如何？

於是，我開始了與自己的對話。

我的外表長相：身高一六七公分，體重五十八公斤，半百的年齡，身材還保持著年輕有活力，外表給人感覺是有親和力的，長相還很可以，不讓人討厭的臉孔。

我的能力：我有傾聽他人說話的能力、有覺察自己的能力、有愛人的能力，也有接受環境、適應各種情境隨遇而安的能力;並且有著給人溫暖的能力、讓自己快樂轉念的能力。另外,還有社會技能的工作能力,以及可以引導來談者分析自己問題的能力。

我的興趣:閱讀東西方哲學、心理學、喜歡爬山親近大自然、運動騎腳踏車踩飛輪、看溫馨的心靈電影、與家人聚會。

我的情緒反應:會有情緒,但還能自我察覺,知道轉移放下,也能夠整理情緒事件,還算的上是EQ良好的人。

綜合以上的自我對話,回想他人對我的大部分評語,我找回認同我的方法,不再假借利用投射認同來肯定自己。

這樣的成長,對自己是好的。

以上是我與大家分享自己的心理歷程。試想我們是否總是期待著「重要他人」來肯定自己呢?當被認同時,滿心喜悅、充滿自信,在被否定時瞬間自卑,這都是同樣的一個「我」啊!怎會一下子自信、一下自卑呢?

無法認同自己，就容易依賴他人的肯定

《道德經》裡有一句話：「寵辱若驚。寵爲下，得之若驚，失之若驚。」人格不夠成熟的人，才會因爲他人的寵而自信，因他人辱而自卑。

這是非常重要的思想，我喜歡老子的哲學，更愛道家的最高境界：「夫唯不爭，故天下莫能與之爭。」不與人爭名爭利，自己才能眞正的得自在。

在授課時，我也運用了這個自我概念的檢核對話，請學員分享自己是如何看待自己的。

剛開始，有的學員還眞不知道自己有什麼能力，也好像沒有特別有興趣的事；形容自己的長相外表時，都謙虛的說自己太胖、太瘦、太高、太矮。

當自己無法認同自己的時候，就容易依賴他人對你的肯定。

所以，正閱讀到這裡的你，不妨先把書放下，也來想一想，自己是如何看待你自己的？

自己怎麼看自己，眞的很重要！

當我說「你很好！」時，有些人會懷疑：「有嗎？我那有好?!」這就是自我否定的人格。

自己不認同自己，找他人來認同，容易失去自己，永遠不會走出有自信的人生。

◎子蘭小語

發現了自己的不成熟，就是成熟的開始。

人格不夠成熟的人，會因他人的寵而自信，因他人的辱而自卑。

心身症：想著想著就病了，是希望引起注意的討愛行爲

想別人不好的身心狀況，來引發變成是自己不好的身心狀態。

將別人不舒服的感覺轉化為自己的不舒服，而引發自己身體的疼痛。

看到別人病痛，覺得自己也跟著痛；看到他人生病，也覺得自己好像也病了；看到他人焦慮，自己的內心也跟著起了一種焦慮的感覺。

記得小學時，有段時間在保健中心當小護士，下課就幫忙一些受輕傷的同學，做簡單的消毒水清潔傷口、紗布包紮之類的事務。

到現在我還很記得當時的感受，在幫同學處理他的傷口時，自己同個部位居然也會感覺微微痛痛的，這很微妙啊！

曾經一度我的願望是當個南丁格爾，但後來沒能有機會報考護專，也好，之後想想自己的使命，好像也不是走護理這條路。萬一眞成了護理師，看到病人身體痛，自己也跟著痛；看到病人被病菌感染，也懷疑自己是否被感染了，那就不妙了！

小孩想生病，是在討愛

二〇二〇、二〇二一年新冠病毒「COVID-19」正流行時，相信大多數人都有這樣的感覺，天天看電視新聞報導，每天的確診人數及死亡人數，隨之憂心忡忡的，只要喉嚨有點怪怪的、卡卡的，有點想咳嗽的感覺，都會恐慌的以爲自己是不是也得病了！

這就是將對他人的感覺，轉變成自己的心身症。

漢聲出版社曾經出過一本繪本，書名是《我希望，我也生病》。內容大意是弟弟看到哥哥生病了，媽媽把早餐端到哥哥面前還餵他吃，爸爸替他敷毛巾，奶奶在哥哥的床邊講故事，其他家人打電話來關心，大家都對哥哥那麼好，而弟弟卻要早早起床，自己穿衣服，自己去上學，自己做功課……於是弟弟說：「好希望，我也生病。」結果過了幾天，弟弟眞的生病了。

很多人小時候應該都會這樣吧。在我家裡，只有生病發燒的小孩，才能喝加鹽的黑松沙士（以前的父母認爲這樣喝能幫助身體退燒），父母的目的是省下看醫生吃藥的費用，但小孩卻爲了想喝到黑松沙士，而希望自己也能生病，這實在是很可愛的幼稚心理。

繪本裡的弟弟看到哥哥生病了，可以得到父母更多的關注，於是希望自己也生病，然後自己就眞的不舒服了，背後的心理狀態，就是想引起注意的討愛行爲。

老人說身體不舒服，是想要家人關愛

不只小孩會利用生病來引起關注，老人也會。

有些老人經常跟兒女抱怨自己全身都痛，說是自己生病了，要兒女們陪伴著看醫生，但到醫院檢查，每一次每項的檢查報告結果都正常，但老人的身體就是有股說不上來的不舒服感，心裡還納悶，怎麼可能檢查都正常呢？

這可能就是心理焦慮而引發的生理問題。

很多老人因爲孩子都不在身邊，內心孤單，又看著自己身旁的老友，一個個身體退化，看著其他人生病離開了，也開始擔心自己是不是也老了、病了，想著想著眞的就跟著病了。

老人和小孩一樣，也需要得到關注，得不到關注時，有時就會引發這種不成熟的心理防衛——心身症，而讓自己生病的心理目的，就是想引起家人來關愛。

以前也有媳婦跟我抱怨，說她婆婆打電話來說公公病了，要他們帶著孫子回來看看，可是一回老家，公公根本就好好的！這就是想利用生病當藉口看兒孫的心理。

不過別抱怨老人說藉口，還是多找時間回去探望才是眞的。

我也曾遇過這種人：長年不想面對生活中的經濟壓力，無力工作，拿自己身體不舒服爲理由來逃避面對現實，原本病的不是身體而是心理，但身心互爲因果，漸漸地身體眞的失能，最後眞的垮了，完全變成隨時需要他人照顧的病人。

你會這樣嗎?!要警覺哦！

◎子蘭小語

不要杯弓蛇影將對他人的感覺，轉變成是自己的心身症。

別假戲弄眞，最後眞的失去或生病，搞垮了自己的人生。

PART 4
以為把自己與人事物隔絕，就能不受傷——神經質的防衛

神經質的性格，跟先天氣質與後天情境有關。

先天指的是基因遺傳，後天則是經常被人嘮叨。神經質性格的人會過度謹慎，害怕自己做不好，怕被責備，不容易有快樂感。要避免孩子變成神經質性格，父母一定要記住不要重複嘮叨和啐唸，一件事不要重複講兩次，再講就是嘮叨碎唸了。

略帶神經質的人除了自身容易緊張、不安、過度煩惱和操心外，也容易苛責他人，情感上很難感受快樂，許多成年人身上都有這種特徵。如果只是偶爾使用，神經質的防衛可以減輕生活壓力，帶來短期的效益，但若是成為與人互動的主要模式，就會造成不良的人際關係，在工作和生活上會增加許多困擾。

所以，記住，要少嘮叨人哦！同一件事不要重複嘮叨、碎唸，自己不開心，旁人也受不了。

替代：最親密的關係，就是最倒楣的關係

轉移發洩在較少威脅的目標上。
很多人都非常會用這個防衛機制。

某天有個大學生來諮詢，主因是父母感情不合。她說從小到大，一直被父親用情緒語言否定，罵她沒家教，批評她什麼事都做不好之類。因爲父親老是否定她，讓她變得很沒自信，雖然有時候她也覺得自己並沒有像父親罵的那樣糟糕。

其實這有可能是父親對母親的不滿情緒，用了替代轉移發洩在她的身上。

很多家庭是這樣的，老婆對婆家的不滿，轉而發洩在老公身上，被另一半投射情緒的老公，便轉身罵小孩，因此孩子就成了被情緒牽累的無辜者。

媽媽罵爸爸，爸爸投射情緒怪罪小孩

幾天前有個家庭諮詢，一家子遲到了半小時才來，從他們的喘氣聲，可以看出他們眞的一路很趕，雖然我一直安慰說沒事沒事，但老婆還是不斷地道歉。

他們才一坐定位，兒子就喊著說好渴，這時老婆就對著老公說：「爸爸！你可以幫忙倒水給兒子嗎？」

這老公一聽，立刻用帶著情緒的口吻對著小孩開罵：「吵什麼？」然後再轉頭對著老婆說：「你不要小孩吵什麼你就給……」

我問這位老婆：「你剛才在塞車擔心遲到的路上，一定是在唸老公對嗎？」

她老公立刻回說：「對！明明她自己拖時間晚出門，路上車多還一直唸我……」

這下我就明白爲什麼小孩會被罵了，因爲老公把老婆責怪他的情緒，轉移到口渴想喝水的兒子身上。

其實如果剛剛爸爸不給兒子喝水的情節繼續，就會因爲老婆不懂這是老公轉移的情緒，更生氣地對老公說：「你爲什麼要那麼凶對小孩？」這也就是夫妻經常莫名其妙的吵架點。

將負面情緒，移轉到最無威脅者身上

曾經有一個案例，女孩只要遇到她的媽媽，就會莫名的想要對她生氣。但眞的要說媽媽對她不好嗎？她認眞想想，又好像也沒有特別不好的地方，但是莫名其妙的就是會有情緒。

「爲什麼會這樣呢?!」這女孩問。

「你應該是用了替代轉移的不成熟防衛而不自知吧。」我對她說：「你可能把在其他地方累積來的壓抑、內心不敢發洩的情緒，轉移在對你最沒有威脅性的人身上。不喜歡你的母親，對母親感覺很不耐煩，但其實母親並沒有對你不好，甚至可能還一再包容你的情緒、接納你的情緒！在你潛意識的內心深處，知道母親並不會反擊你，所以就很放心把自己的情緒發洩到母親身上了。」

她聽完我的分析後，若有所思，想想好像是這樣，媽媽是一直包容她的脾氣。

「那我要怎麼辦？」

我笑著回她：「看見自己，就是改變的開始。」

很多人很容易不自覺地將他處擠壓來的負向情緒，轉移在另一個對你最沒有威脅也是最放心的人身上，所以說最親密的關係，就是最倒楣的關係。

有些人的情緒，則是轉移在電視的政治政論節目，他們平常對人講話都客客氣氣，但一講起政治就會激烈地批評謾罵，這也是把平常累積的情緒，全發洩在政治、政黨，藉由批判政治來發洩自己內心的情緒。

另外，當小孩在玩玩具的時候，會破壞玩具、會對玩偶說狠話，對玩偶說：「我不喜歡你，我要把你弄壞！」這個時候父母要注意的是，孩子把情緒轉移發洩在玩偶的身上。

有沒有發現，不當的替代轉移是不是很容易？

將情緒發洩在最親的家人身上，是不成熟的防衛

曾經有個個案，狀況是兩個堂兄弟一起玩耍，玩著玩著小堂弟哭了，其他家人出來調解，一開口，就要堂哥不要欺負堂弟，「你是哥哥要讓弟弟喔，不要搶弟弟的玩具啦！」而堂弟的媽媽一聽到哭聲，也跑出來，不了解前因後果就直接指責小堂哥：「你不要欺負弟弟啦！」

在一旁都還沒開口的堂哥媽媽，一聽到所有人都在指責自己的小孩，火氣一來，就生氣得抓住自己的小孩要離開現場。而莫名被媽媽用力帶走的小堂哥，此時大哭了

起來，喊著：「我不要！我還要在這裡玩！」

此時媽媽的火氣更大，對孩子更凶了，還強拉著他離開。在其他類似的案例，有些媽媽甚至會當場打自己的小孩給別人看。

其實媽媽生氣的帶走小孩，是因爲對他人的不滿，但媽媽就是把情緒發洩在自己孩子身上，或者把對今天孩子與自己受到的委屈，發洩在老公的身上。

還有一種狀況，明明就是爸爸比較會失控打小孩，但孩子生氣時都會說「我討厭媽媽」「我不喜歡媽媽」。或是先生在職場上有不如意，在公司裡不敢與同事、上司起衝突，回家後卻跟老婆大小聲，這就是替代轉移發洩自己的情緒了。

所以，哪一個人對你最沒有威脅性，你就最容易把情緒發洩在那個人身上，這就是不成熟的防衛。

◎子蘭小語

關於情緒，最親密的關係，就是最倒楣的關係。

將情緒發洩在最沒有威脅者的身上，就是不成熟防衛。

慮病症：過度關注或擔心自己是否生了重病

其實人是這樣，越煩惱擔心自己，內心就越恐懼，就更容易生病了。所以與其擔心自己是否生病，不如直接到醫院檢查。

雖然說我們對自己的健康要有自覺，但若是過度擔心是否生病，即便看了醫生、做了檢查都沒事，還是想換醫院再檢查看看……有些人看醫生的用意，不是爲了確定自己沒病，而是希望找到一個醫生來證明自己生病了。

曾經有個女子來諮詢，她說她一直覺得自己好像也罹患癌症了，因爲她一直在照顧家中癌末的長者，所以很擔心自己是否也有癌細胞的基因，總說自己的體力越來越不好，應該也生病了。

我請她與其煩惱生病，不如直接去醫院檢查。

因為心理焦慮而產生身體疾病

結果一開始跟我說她不敢去醫院，萬一檢查出來眞的生病，那要怎麼辦？最後打開心結，才去預約掛號。

不想去檢查卻又煩惱會不會也一樣病了，這樣反而更容易讓自己活在恐懼焦慮害怕的情緒中，久了會因爲心理焦慮而讓自己眞的生病，這樣對自己也不會比較好。

以前生病講的是生物醫學，人類因爲病毒的入侵，或身體器官功能的不足而生病；而現在生病談的是情緒免疫，人會因爲心理焦慮而產生身體疾病！

每天擔心自己生病，久了就眞病了，正好可以讓自己自我驗證預言實現成功，過度的擔心自己是否生病，這是情緒焦慮的原因。

健康心理學的情緒管理，就是這樣因應而生的，所以推廣快樂學，快樂治百病、一日三大笑，讓自己身心健康。

雖然病治好了，但緊張擔心又復發了

還有一種慮病症的原因，是過去曾生過一場大病，雖然後來治癒了，但還是會擔心會不會又再復發，而因爲經歷過生病的痛苦，只要身體稍微不太舒服，就容易緊張擔心自己是否又生病了。

曾經有個媽媽說，她的大寶在還很小的時候，因爲感冒引起併發症就往生了，對於此事媽媽非常自責，懊惱著當時沒把孩子照顧好，從此心中就留下一個陰影和心結，非常過不去；後來生了老二，只要二寶流個鼻水、打個噴嚏，還沒發燒，媽媽就無比的緊張和焦慮。

這也是焦慮症，把當年大寶生病的記憶投射在二寶身上，而變成擔心過度害怕，產生萬一老二也生病怎麼辦的焦慮心情。

但也有些人會反過來面對自己過去生病的事。

某天諮詢的一個個案，他在二十歲正值青春少年時，居然腦中風，頓時身體的一邊失去力量，後來很努力的復健後，已幾乎恢復正常。雖然家人總會過度提醒他要注意自己的身體，但他個人反倒是很樂觀的面對自己。

其實人是這樣，越煩惱擔心自己，內心就越恐懼，就更容易生病了。

所以與其擔心自己是否生病，不如直接到醫院檢查。

現今的醫學科技發達，幾乎身體有任何狀況都能檢查出來，但如果檢查後的數據都以正常值居多，或者找不到生理性的疾病，那就要認眞思考，是否爲心理因素引起的不必要恐慌。

◎子蘭小語

活在恐懼害怕情緒中，久了會因心理焦慮而讓自己眞的生病。內心有愛的人不恐懼，心靈放鬆治百病。

理性作用：爲一點小事，情緒激動有必要嗎？

因理性作用過度理智化，為了不讓自己陷入情緒的壓力下，過度的使用理性來與焦慮的情緒保持距離。

不對任何的情境做出情緒反應，目的是為了避免自己無法接受的情緒。

過度使用理智化來保護自己，不讓自己的情緒受傷。

許多來諮詢這類問題的個案，報告顯示都是冷靜、理智。這種特質的人，善於用冷靜、理智的方法及策略，來解決挫折、處理恐懼及克服困難。在工作情境中具有優秀之組織力，對事業的發展很有利。

冷靜理智的人，在工作上容易表現得很好，這類型的人就是專注在工作，專注在自己想要完成的事件上，比較不會浪費時間在所謂的負面情緒裡，不會讓自己在不相干的事物上面打轉、困住自己。

雖然冷靜理智的人專注在做事上很好，但如果是與人的互動，過度的冷靜理智就不太好了。他們不容易對人講柔軟的語言，也不容易表達自己的情感，也不太能理解他人的情緒。

過度理智，不習慣帶著情感看事件

如果你的另一半是冷靜理智的，那麼你很難會聽到他對你說一些右腦的柔軟、帶有情感或感動的話語。例如他們不會說這些感性的話語：

「謝謝你，有你眞好！」

「辛苦你了！」

「我太愛你了！」

當你跟冷靜理智的另一半講完自己的情緒感受時，他會這樣回你：

「人不就是這樣嗎？」

「這有什麼好生氣的，爲一點小事，情緒激動有必要嗎？」

「人本來就應該自己調節好自己的情緒！」

本來說出負面情緒，是想要得到另一半的安慰，但他過度理智的言語，反而讓人覺得很受傷，沒有被安慰到，反而又被否定了。

其實，不是另一半不關心你，只是因爲這類型的人過度理智，不習慣帶著情感看事件的原因。

冷靜理智，是想保護內心避免受傷

一個人會形成過度理智的原因，可能是先天氣質，也可能是因爲童年經驗。

一個幼兒如果在童年成長過程中，時常看到父母吵架，而且每次都吵得相當激烈，家庭的衝突情境，不時有太多高低起伏的氛圍；父母長期對孩子的照顧是低溫度的，甚至是沒有溫暖，父母的角色失去功能，孩子哭泣不予理會，對孩子的生心理需求也不給予滿足。

此時小孩就會基於天生自我保護的本能，避免自己的內心受傷，長大後，就容易形成過度冷靜理智的性格。

不涉入太多他人的情感，其實是想保護自己的內心避免受傷。

根據經驗，冷靜理智的人，通常情緒本質一定是正向的，因爲有良好的先天氣質，所以當他們遇到情緒衝突的情境時，例如：看到父母吵架，他們就會安靜的在房間或客廳角落裡，自己玩玩具。

如果是情緒本質是偏負向的，看到父母吵架，他們可能就會害怕的哭了。

家是談愛的地方，要多對家人講右腦語言

過度理智的人，習慣專注在理性思維裡，比較不能理解別人會有的情感挫折，不能理解爲何無法轉換自己的情緒？爲何要他人爲你的情緒負責？也無法理解他人看電影看電視劇爲何會看到哭？因爲他們總是習慣調節自己的情緒。

如果不理解過度理智人的成長過程，你可能會誤解他，以爲他待人太過冷淡、太過無情。其實，他只是不自覺的在保護自己的內心、避免焦慮。

有時候，冷靜理智的人也會有人際上的優點，就是比較不容易跟人吵架。

曾經有一個家庭，爸爸媽媽及兩個孩子的報告都是顯示冷靜理智。雖然彼此講話的口氣都是溫和的，但卻一板一眼，就是少了那麼一點幽默柔軟的氣氛。

諮詢的當時我笑著說：「要不要有人先練習講一點有溫度的語言，語調稍微上揚的？」

爸爸想想也好像有點道理，好像主管當習慣了，講話就不自覺的權威，平時嚴肅慣了，對老婆孩子的口氣也忘了要溫和了。

這位爸爸跟我說：「好，我先改。」

其實對孩子講話，要多點右腦的語言，例如：「這是什麼味道啊，好香喔！」「這圖畫得好美哦！」「媽媽煮的飯菜，好好吃吔！」

尾音上揚的口氣，與幼兒的大腦相容，幼兒才能從語氣中感受到父母的愛。

家是談愛的地方，多對家人講右腦的語言，來營造溫馨和諧的家庭氛圍。

如果三歲孩子經常表現得冷靜理智，雖然不能說冷靜理智不對，但這就代表他所處的情境氛圍，是比較有衝突的！所以還是建議父母要多用溫和的語調和幼兒說話才好。

至於大人，如果你發現自己的感受面向，是傾向於過度理智性的，建議多接近大自然，學習感受愛的連結。

◎子蘭小語

冷靜理智的人，專注在做事很好，但與人的互動上卻不太好。

多用溫和的語調和幼兒說話，幼兒才能感受到愛。

隔離：把自己感到最痛那件事的情緒隔離起來

將感覺與想法加以分離，沒有任何情緒反應。
即便是在說自己很痛苦的事情也絲毫沒有情緒。

這是很多年前諮詢的個案；她潛意識內容摘要裡的「生活的過去與未來」的刻痕紀錄是：往事無法忘懷。

我問她，記得是什麼事嗎？她點點頭回我說知道。

「我以爲這件事已經過去了。」然後她很冷靜很平靜地跟我說：「小時候被強暴。」

她在跟我講述這件事的時候，感覺像是在講別人的遭遇，絲毫沒有害怕、沒有悲傷、沒有憤怒的情緒，臉上完全沒有任何表情。

這就是隔離。

情緒隔離和地域隔離

因爲這個童年的經驗太可怕、太無助，潛意識爲了保護自己，於是開啓自我防衛功能。就像白血球的功能一樣，當細菌入侵時幫助身體抵抗傳染病，集體把病毒包住保護身體，而**隔離的防衛是一樣的功能，把自己最感到痛苦事件的情緒隔離起來**。

我有個朋友因爲老公外遇而離婚，於是讓自己專注在工作上，不讓自己有多餘的時間難過，後來雖然是賺了很多錢，生活品質也很好，但卻很害怕下班之後或沒有工作行程安排的時候。

這是利用忙碌的工作，來隔離離婚後焦慮心情的**情緒隔離**。

有個學員跟我說，不想再去前男友的家鄉，曾經朋友邀她到彰化花田走走，結果被她拒絕，她說不喜歡這個地方。朋友好奇爲何不喜歡？一問之下才知道，因爲交往多年論及婚嫁的兩人，爲了某些原因分手了，這個不快樂的過去，讓她不想再踏進彰化花田。

被分手的人，怕觸景傷情，所以就不會想再去以前和情侶共同出遊的地點，這則是**地域隔離**。

人際圈和物品的隔離及其他

夫妻離婚後，從此能不見面就不見面，或見了面不打招呼、不講一句話，彼此有共同的朋友也一併不往來，不想再從朋友間聽到對方的消息，就是那種關係變了連朋友也當不成的狀態，這是人際交友圈的隔離。

至於物品的隔離，是分手後把對方送的禮物、玩偶或寵物全部送出或丟掉，不想再睹物思人，增加自己的痛苦。

有個朋友跟我說，男朋友曾送她一只手錶，一戴就是好多年，後來分手就不戴了，立馬去換個新的手錶。

隔離是神經質的防衛，以爲把自己與人事物隔絕後，就能保護自己的情緒不受傷，但是並非如此。

在《擁抱B選項》這本書裡用了一個比喻，「把房間裡的大象踢出去」用大象來比喻困住自己內心的焦慮，重重的大象壓住自己的心口，喘不過氣來，以爲自己把情緒隔離開來，卻是把大象養得更大、更笨重了！

我們容易逃避會讓自己感覺痛苦的問題，嘴巴上說著沒事，但其實是很有事！不願意面對問題，困住自己的問題還是一樣存在。**隔離作用像是鴕鳥心態，以爲會眼不**

見爲淨，但其實問題都還是存在。

我喜歡這本書裡的幾個觀念，例如：「沉默是種殺傷力」以及「老實說，我並不太好。」

沉默不語，傷的永遠是自己，找到合適的人勇敢示弱，告訴朋友其實我並不太好，這也是一種面對問題的態度。

◎子蘭小語

面對它、接受它、處理它、放下它。

過度理智化，把自己的情緒隔離起來，

都會讓自己慢慢走向消極的人生。

合理化：自己明明不是很滿意，卻硬要說好

酸葡萄心理、甜檸檬心理、推諉。

吃不到葡萄反說葡萄酸，拿到檸檬的卻說檸檬超甜的。

把自己得不到的東西，說成我才不想要！我根本不在乎！

在情感的世界爭輸了，說對方的條件那麼差，我根本看不上！強要來的，自己明明不是很滿意，卻硬要說好。

物質的世界也是，要不到的東西，說一點也不喜歡；買不起名牌包，說崇尚名牌的人很庸俗；自己沒錢，說錢只要夠用就好，太有錢的人並不快樂；說自己雖然沒錢，卻比有錢的人過得自在、過得快樂。

見人學歷高，揶揄嘲諷讀到碩士、博士有什麼用？收入有比較高嗎？有比我會賺錢嗎？

將問題合理化，有問題都是別人惹出來的

生不到兒子的，會說還是生女兒好，多體貼；生不到女兒的，就說還是生兒子好，女兒讓人多擔心。

說人家的小孩出國留學，都不在父母身邊不孝順；自己的孩子都留在身邊，隨時看得到，多好。

看他人老公做生意很有錢，就說有錢老公很容易外遇，生意忙都沒空幫忙帶小孩，或都不在家，這樣有什麼好？說自己的老公雖然錢賺得比較少，但至少每天都會早早回家陪自己和孩子。

男人妻管嚴，怕老婆生氣，也怕朋友嘲笑，所以說：「我不是怕，我是尊重老婆。」

小孩也很會用合理化，最常遇到的狀況是，上學忘了帶課本被老師質疑，孩子怕被老師罵，就說：「我媽媽沒有幫我帶！」

上學遲到，是因爲媽媽沒有叫醒我；考試沒考好，是因爲班上同學上課太吵，或父母一直看電視。

上班族上班遲到，會說是因爲鬧鐘沒響或路上塞車；沒有工作機會，是因爲上司

沒有發現我的長才；事業發展不起來，責怪他人不幫忙出錢出力，或是怪罪大環境經濟太差，政府無能。

要不到而否認，把任何事都合理化

另外，大家都會做的不合理行爲，久了就自動把它變成合理。例如：電線桿下放一包垃圾，經過的人一人丟一袋，漸漸地就累積成一堆了。大家心裡都想著：我也只是跟著大家一起放而已。

先生每次出門就喝到醉醺醺才回來，老婆非常生氣的說：「以後喝醉就不要回家！」這時先生就會說：「我本來也不想喝酒啊！也是沒辦法，老闆要我喝，我也不好意思拒絕！」

把任何事都合理化的例子，眞的到處都是。

某天聽到朋友說，年輕時她看重的是愛情，後來覺得麵包還是比較重要，走過歲月後，漸漸的覺得愛情跟麵包都不重要了……

其實，我倒覺得無論任何年齡，愛情跟麵包都很重要啊！

當時我的心裡是這樣想，如果認爲「不重要」，是因爲思想的成熟也好，但不要是因爲要不到而否認，那就不是眞的不重要，而是自己把它「合理化」的防衛機制了。

愛情可以昇華，用柔軟的心來對人；麵包滿足自己之餘，還可以有能力利他人。無論任何年紀，「愛」和「麵包」一樣都重要啊！差異點，只是多了個「不自私」——不自私的愛，不自私的麵包。

◎子蘭小語

過度使用合理化的人，不容易改變自己，容易推卸責任。
把問題的過錯都推給他人的人，是永遠不會進步的。

反向作用：明明在乎卻故意說成不在乎

想要卻表現出完全相反的行為。

有個個案的老公脾氣非常不好，情緒時好時壞，每次只要情緒不穩，就找她吵架，故意找麻煩嫌東嫌西，要不怪罪家事沒做好，要不說小孩沒教好，真要跟他理論是哪裡沒做好？老公指責的點也真沒道理。

「想說不想理他，算了，但這樣也不行，就是要找你吵，我脾氣一上來，就跟他吵起來了！一吵架就說離婚，然後說我早就不想跟你在一起，這個婚姻我根本一點也不想要！還說趕快離一離，就可以再去找一個對我比較好的男人！

「每次聽到他講這些話，心情就很低落，我就回他：『既然你都這樣說了，那我們就離婚吧！』接著我先生就會開始數落我的種種不是，說我根本早就想著要離婚，不過是說出心裡的話！這讓我實在很無奈，離婚不是你提出來的嗎?!怎麼變成是我要離的呢?!每次都是這樣吵，我實在覺得很煩！」

神經質的防衛，越是在乎，反話就越激烈

這個情景相信大家也很熟悉吧？

明明很在乎另一半，但是當自己情緒失控時，講的卻是討厭另一半的話語，往往是越是在乎，反話就越激烈，這就是神經質的防衛！

怕對方不在乎自己、不喜歡自己，於是用講反話的激烈方式來表達，其實心裡想聽到對方的回答是：「我一點都不想跟你離婚」「我是多麼在乎你！」

但因爲講出的反話，傷了對方的心、刺激了對方的情緒，於是對方的內心深處也起了防衛，逼得對方回應的語言，就是直覺情緒反應了。

人與人之間的衝突，就是這樣越演越烈，好不容易建立起來的情感，就在一次又一次的反話當中，讓愛消失殆盡，這實在是很可惜。

請練習聽聽看自己說出話語的內容，有沒有不自覺的說出哪些反話呢？有沒有明明在乎卻故意說成不在乎嗎？

如果有，要覺察出自己！

「反話」幾乎無所不在，你說了哪些？

下面收集了一些反話的例子，看看你中了哪些：

想要老公關注自己，卻說成：「你根本一點都不愛我！」

想要孩子孝順自己，卻說成：「你顧好你自己就好，我哪敢奢望將來你養我啊！」

要他人記得我們的生日，卻說成：「你們根本不會有人記得我的生日。」

想要兒孫回來，卻說成：「你們還是不要回來了，免得被你們吵翻天。」

內心很開心孩子送禮物給自己，結果卻說成：「你們幹嘛浪費錢！」

明明期待已久的邀約，卻說成：「我根本沒有很想來！」

明明期待情人打電話來關心自己，卻說成：「你打電話來幹什麼?!」

希望能被父母多關注，卻說成：「我一點都不需要你們的關心！」

小孩子生氣媽媽不給吃餅乾時，會說出：「我討厭媽媽！」

小孩說：「我才不想要跟你一起玩！」但是眼神露出想要的心情。

在成人的世界裡，明明不想要的，也要心虛一下地說：「好的，我喜歡，真的真的！」

明明很喜歡見到某人來，卻是跟某人說：「你以後都不要來了！」這是一種過度的自尊，想要掩飾自己內心的自卑。

靜下來好好的思考一下，自己到底說過多少這樣的反話？

說反話的人是爲了保護自己，學習聽懂反話的眞正意義，才不會莫名其妙的總是讓自己的內心受傷！

◎子蘭小語

學習聽懂反話的眞正意義。

察覺自己爲何說反話，到底想要的是什麼。

退化：心理退化是想引起主要照顧者的關注

退化情感。逃避成人的責任，容易依賴別人。

有了二寶後，大寶都會有一些退化的行為，差別在於行為或多或少而已。所以我總是提醒父母，生老二之後請記得加倍愛老大！

例如：大寶本來會自己吃飯、穿衣服、穿鞋子，但老二出生之後，就變得完全不會，什麼事要媽媽來、媽媽做，這就是心理上的退化。

心理退化的目的，是想引起主要照顧者的關注。

有了妹妹之後哥哥變幼稚，這就是退化作用

退化的心理狀態，就是想引起人注意，想得到更多的某一種需求。

十一歲的哥哥，跟妹妹相差四歲。哥哥有著與年齡不符合的單純，以及非常幼稚

的行爲，例如：會跟妹妹搶東西吃、很會吵架，老是和妹妹打來打去，跟父母講話的方式，則是很童言童語。

媽媽覺得很傷腦筋，怎麼哥哥一直這樣啊？講也講不聽，甚至是越講越故意！其實，這個哥哥一直都在用「退化作用」。

哥哥以爲模仿妹妹講話的聲音和動作，可以引起父母的關注，但因爲這樣反而又被父母罵，因此內心更缺愛，更無法找到自信。

所以生了老二，請記得加倍愛老大，否則老大容易產生退化的行爲，來引起父母注意，這是父母要覺察的手足教養問題。

大人也會有退化行為，希望引人關注

如果一個成人老是說下列的話語，也表示有著退化的行爲：

「哎呀我的媽呀！我眞的是太笨了！」

「我什麼也不會」，遇到事情總是先說：「我都不知道要怎麼辦？」

「我自己一個人根本沒有辦法完成一件事。」

過度依賴他人，遇到事情總是會先說：「可是，我不會吔！」「我都不知道要怎麼辦啊！」

與人約出門時，習慣的口頭禪是：「那要怎麼去？可是我不會坐車！」「路我都不熟！」

凡事都要有人作陪，要依靠他人，過度要人照顧等，這些都是退化，用「我不會」「我不行」「我沒有辦法」來引起他人對自己的關注。

抱怨是一種退化，是自己的不成熟

經常抱怨他人不公平的人，也是一種退化的心理狀態。會有如此的抱怨，是想從他人得到某些的回饋！而會期待從他人身上得到某些東西，就是自己的不成熟，所以抱怨是一種退化。

創業老是失敗、欠人一屁股債，想要跟老父母要錢，幫他的事業度過難關，於是跟媽媽哭訴自己小時候的悲慘回憶，說自己就是因爲父母的照顧不當，所以才讓他身體有缺陷。

又說父母沒有用心栽培，所以才會沒有條件和別人競爭；說別人的父母都會栽培小孩創業，自己卻沒有得到父母的幫助，所以現在才會過得不好。

用抱怨父母的方式來引發自己被同情，這也是退化的心理狀態。

戒尿布，媽媽的態度會影響孩子的自信

有個媽媽提到孩子戒尿布的事。她的孩子目前三歲半，因爲四個月前開始，睡前先去尿尿，天亮醒來尿布還是乾的，持續幾個月後，媽媽便開始晚上爲孩子戒尿布。但戒的過程很不順利，尿濕的情況越來越頻繁，原本只是一週尿床一次，後來變成一週兩次。

她問孩子覺得晚上還需要包尿布嗎？

小孩回答：「需要，因爲我會尿下去。」

媽媽說她不理解的是，在戒尿布的過程中並沒有打罵，可是孩子卻越來越退步，甚至到接受自己的不行，她詢問我，是否有什麼做不好？她有點喪氣，因爲要一直洗床單、洗衣服……

「媽媽的態度會影響孩子的自信。」我這樣回覆她。

一個習慣的養成或改變，都需要一些時間，在交替的過程中總是如此，所以父母不要太過緊張，尿床了也沒關係，把衣服、床單換一換就好，不可以讓孩子有羞愧的

感覺，否則他就會退化到包尿布的時期了。

用質問句說「你怎麼又尿尿下去了呢？」或睡前一直提醒「要不要再去尿尿呢？」這就是不信任孩子。

有的父母因爲擔心孩子尿床，於是半夜把他叫起來、再上一次廁所，這樣也不好，這就代表父母緊張。

父母一緊張，小孩就有壓力，只好退化成小嬰兒繼續穿著尿布。

◎子蘭小語

心理退化的目的，是想引起主要照顧者的關注。

抱怨他人、將責任推卸給別人，是退化的心理狀態。

壓抑：不是沒感受，只是不習慣表達情感

自己的某個觀念、想法或感覺不被接受時，
自我安慰的說無所謂，但內心卻不是真的無所謂。

人習慣壓抑自己，壓抑自己的情感，把想要的都說成不要的。超我、道德教條太高的人就容易壓抑，過分的壓抑就會產生心理的不平衡。敢怒不敢言，嘴巴說算了，但內心並不這樣想，壓抑得讓自己非常不輕鬆。不快樂，自我安慰的說無所謂，但內心卻不是眞的無所謂。

認知會忘記，感受永遠在

幾年前有次在台北市民權吉林路口下公車時，接到弟媳打來的電話，她說：「三姊，你趕快去馬偕醫院！」

我連忙搭上計程車，心裡當下就是和老爸對話：「爸，您一路好走！」好多年了，記憶全湧上來，因爲今天在同樣的路口下車，我站在路口直掉淚。

這就是我諮詢時常說的一句話：認知會忘記，但感受永遠在。

在一個情境下有過強烈的感受，下次再來到同樣的情境，就會引發記憶的感受。有些是你知道的，有些是已被壓抑到潛意識，不記得什麼事，但出現在同個場景下，就會有些莫名的感受。

所以父母在對待孩子嚴厲或愛的態度時，孩子爲了什麼事情而被罵，或是被肯定的（認知）可能會忘記，但內心的感受永遠在。

看似令人放心的人，往往只是壓抑情緒

諮詢時有些媽媽常會問，最擔心的那個孩子，怎麼報告裡會比放心的那個孩子好呢？

通常是這樣的，習慣壓抑不滿情緒的孩子，都被父母以爲是乖的；而敢反抗的孩子不壓抑，卻被父母以爲是脾氣差、不好管教。

壓抑的人不是沒感受，只是這樣的人難以表達內心的欲求和情感，不習慣表達。

「算了！」「沒事！」「沒關係！」是他們的口頭禪。

例如：某天夫妻倆的諮詢，先生都是笑笑的不說話，問他有什麼想問的？也是看向老婆說：「還好吧！」但是看起來，就是心裡有話，但不想說。

我低頭看著他的報告：壓抑，難以表達內心欲求和情感。

果然是因爲原生家庭父母太過權威，經常否定他，因此產生了壓抑的性格。

難以表達的可能原因：不會說、不敢說、懶得說

人之所以壓抑，通常是因爲需求不被接受、被高壓對待，時間久了有話也不想說了。如果你習慣話到嘴邊就收回去的話，請試著釐清「不習慣或難以表達」的原因，然後面對他，勇敢地適時表達出自己內心眞正的想法。

不會說

就是詞彙不足，不知道如何用適當的口語來表達內心感受。例如：

我就是不知道怎麼形容……

我想說我的難過，但是我無法用言語來表達自己的感覺。

其實想改變不難，多閱讀、多學點形容詞，訓練表達能力就可以。

不敢說——小孩

不敢說出口的原因是，萬一我說出了眞正的感受，對方生氣起來會打我，對我不利，因此不敢說。例如：

小孩跟媽媽說：「我想吃餅乾！」

媽媽生氣的回：「飯沒吃完，吃什麼餅乾！再吵，你試試看！」

小孩跟媽媽說：「我想要抱抱！」

媽媽很凶的回：「不行，要自己走！再吵要抱，我們就回家！」

當一個人長期以來的情感需求，老是被嚴厲的拒絕，久了就會變成不敢說，會演化成自己想要的，卻說是別人想要的。例如：小孩自己想吃餅乾，會講成：「媽媽，弟弟說他想要吃餅乾。」其實是自己想要。

不敢說——成人

難得有個升遷的機會，但因爲壓抑的個性而拒絕主管，也因爲其他同事想競爭升遷，於是壓抑自己，表示我不想要升遷。於是主管升了另一個同事，結果自己的內心就難受了！

壓抑的人要勇敢適時的表達自己內心眞正的想法，避免壓抑自己讓情緒不穩定。有的人會用歡愉的方式，來壓抑內心的焦慮和恐懼。

例如：小孩被父母罵時還一邊搞笑，其實孩子不是被罵還高興，而是因爲用搞笑來避免自己內心的焦慮。

在聚會場合，有時候就會碰到這樣的人，情緒特別的高昂、過度的活潑，從頭到尾就是一直講笑話，整場沒有安靜過，這也是過分壓抑後找到場合來發洩。

至於孩子會人來瘋，可能是父母高壓權威，小孩平常在家裡比較壓抑，知道有外人來，就可以趁機釋放壓抑的情緒。

懶得說

因爲說了也沒用。

面對高壓、權威、專制的上位者（父母、老師或老闆），每當自己想表達意見時，就會被否定不被接納，想講的話就會懶得說，反正，說了也沒有用。

曾經有次諮詢，媽媽問國中生兒子：「老師說你的報告很壓抑，但你是壓抑什麼？說出來，看媽媽有沒有什麼地方誤會了你、凶了你?!」

結果這國中生抬起頭說：「啊！就是那個……唉！算了、算了！」這就是懶得說，話都講過了，你們也不會改變啊！

犧牲或壓抑自己，問題會有改善嗎？

在諮詢的個案中，有滿多的比例是所謂的富二代，他們的內心都很壓抑，因爲父母白手起家、事業打出一片天，自己再怎麼努力，也超越不了父母的成就。雖然說父母要他們接手管理家族事業，但每當他有新想法、想改革時，就會被父母否決，久而久之就覺得自己工作好不快樂，但又不得不留在父母的公司幫忙，壓抑在不得不的工作環境中，容易沒有成就感。

有個媽媽的報告書中，認知感受是：壓抑犧牲自己，追求不對稱的情感標的，經常發生情感挫折而自我傷感。

她在生活中老是習慣壓抑自己的情緒，犧牲自己的欲求，來避免與家人間的不愉快，但壓抑到最後，總是讓自己的情緒莫名低落了起來。跟另一半和小孩的相處，也總是力不從心、失去耐性，自己也不知道哪裡不對，心情就是悶悶的。

「壓抑自己、處處討好別人，但你目前所遇到的問題有得到改善嗎？」我問她。

她回答我：「沒有！我總是想著，如果整個家只有我一個人犧牲，而父母兄弟姊妹都能過得好就好……」

試著用「可逆性」來幫助自己換位思考

於是我和這個媽媽套用王國和教授詮釋的皮亞杰理論：對一件事的思考觀點，試著用「可逆性」來幫助自己換位思考。

例如：媽媽認為壓抑自己、犧牲自己，父母手足就不會再有衝突事件發生，那我們來反問一下自己。

一、要犧牲，才會好嗎？
二、不犧牲，就不會好嗎？
三、不犧牲，也可以好嗎？

請問哪一個答案是肯定的呢？還是不一定呢？

如果不是肯定的答案，那就代表我們執著的觀點並不正確。

所以壓抑犧牲不一定能帶來幸福；不犧牲自己，也不一定會過得不幸福；不犧牲自己而能過得好，那需要「智慧」來面對。

換個不一樣的角度來想事情，答案應該就有不同。

思考層面要廣，才不會困住自己，才不會執著在單一想法裡，繼續壓抑自己、犧牲自己。

人會壓抑的源頭，是因爲需求不被接受、被高壓對待，時間久了有話也不想說。長期的情緒壓抑，容易引發全身痠痛不舒服，甚至產生慢性病，讓身心都不健康。

你習慣壓抑嗎？

習慣話到嘴邊就收回去嗎？

習慣壓抑自己的情緒嗎？

總是說自己沒事嗎？

如果以上的答案，都是YES，你可以嘗試一下用書寫方式來自我療癒。

不習慣把話說出來時，可以試著把心中的想法和感受寫出來，像是寫日記般的寫著。建議當書寫自己的情緒，要抱怨或者怒罵某個人時，用任何的字眼都行，但書寫發洩完情緒之後，記得在最後一段寫上感恩這個人，帶給自己的什麼幫助，察覺自己有沒有從這次的情緒當中，領悟到什麼？

這樣的意義是，給自己的內心做一次整理。

◎子蘭小語

適度的壓抑可以避免衝動，但過度壓抑可就悶了自己！用書寫方式來自我療癒，給自己的內心做一次整理。

PART 5
愛自己，也愛別人
——成熟防衛

人很難不掉入本能防衛，不對抗它、不譴責自己也不譴責別人。
我們每個人都一樣，都有共同的情境和意識，所以自然就會形成各種不同潛意識的本能防衛，無法抗拒、無法刻意的想盡辦法不讓它出現。
不過這真的有難度，要對抗又會產生壓力，好不容易建立出來的防衛系統又會瞬間瓦解。大家要加油喔！重點就是要先認識自己，練習看到自己或看到他人的心理盲點。
最後一個階層，就是幫助自己回到善的一面，找到放鬆自己的方式，把自己的愛再找回來。
進入這個我一直都在練習中、最最喜歡的部分，希望能幫助每一個人，找回愛自己與愛他人的能力。
當你真正的理解成熟防衛，自己就先受惠了。

利他行爲：自己舒服、別人也能快樂，就是利他

讓他人能感受到快樂，並且本能的也使自己感到滿足。
做對人有利，自己也快樂的事。
對他人有利但自己不快樂，這就不是利他了。

之前有個諮詢的個案，他面對自己太順遂的事業發展，產生了內心的恐懼，害怕突然來的成功又消失，感覺到自己內心的不踏實。

當時我給的建議是，可以在自己的營利收益中撥出一筆專款，做點對社會有助益的事。例如：設置獎學金或捐助物資，自己能力所及的公益；或者給人一句鼓勵的話、一個眼神或行動都好；在公車上讓位給需要的人；當另一半、朋友或孩子處在情緒壓力下時，給予體貼和包容、陪伴傾聽，只是簡單給一杯水都能溫暖人心。

做一件自己能覺得舒服、他人也能感到愉悅的，就是利他。

對人好就是對自己好

我經常這樣想，對人好其實就是對自己好，所以希望他人對我們好、做讓他人能感受到快樂的事，並且本能的使自己也能感到滿足。

這讓我想到《擁抱B選項》的書中，提到從小事做起，每天做三件對人有利的事情，來找回對自己的自信。

這個觀點我非常喜歡，因爲利他人的同時，也能溫暖自己的心。

新冠肺炎疫情持續時，在還沒有強制戴口罩、但沒戴口罩哪裡都去不了的時候，忘了帶口罩出門是一件很懊惱的狀況。

曾經我與個案約在百貨公司裡的餐廳諮詢，個案騎摩托車前來，忘了戴口罩，於是就這樣被擋在百貨公司的門口，警衛建議她去便利商店買，可是她繞了多家詢問，就是一句：「不好意思喔，口罩賣完了！」

於是我們只好再換地方，找一個門禁沒有管制太嚴的地方進行會面。

這讓我改變了一個習慣，從此以後出門時，包包裡會用一個信封袋，多裝一兩個口罩，以備不時之需。

然後就在有一天，我一大早出門準備搭高鐵南下時，有位先生被高鐵人員攔了下來：「先生，不好意思，請把口罩戴上喔！」

這位先生突然意識到沒戴口罩，隨即詢問哪裡可以買到？站務人員直接回說，便利商店問問看，也剛好在這個同時，我正要進站，於是轉身拿了包包裡的備用口罩給了這位先生，當下他非常感謝的對我說：「謝謝！謝謝！太感謝你了！」

我對他說：「不客氣！不客氣！」心裡升起一股暖意。

這就是利他人能感受到快樂，也本能的讓自己感到滿足。

利他行為不能說有機會再做

一個碩專班的同學，在因緣際會下聽到老師說，大學部某個年輕的同學，因爲家庭變故，無法付學費，如果無法解決只能放棄學籍，於是她立刻慷慨解囊，幫助了這位同學繼續就學。

我跟同學說：「你好有愛心啊！」

她謙虛的說：「剛好聽到就做！利他人的事，不能總是說有機會再做，如果條件剛好可以，做就對了！」

這是非常棒的利他行爲！

因爲這位同學的抛磚引玉影響了我，沒過多久也遇到相似的狀況，讓我剛好也有機會幫忙一個需要協助的年輕人。

曾經有個故事舉例天堂與地獄的差別。

話說一群人在長桌吃飯，但是筷子比手臂還要長，夾了菜卻無法送進自己的嘴裡，每個人都氣急敗壞地怎麼樣也吃不到，整個餐桌上的美食佳餚都打翻了。同樣場景、不同的人。一樣是一群人在吃飯，一樣是比手臂還要長的長筷子，但這裡的人卻是很優雅、很愉悅的在用餐，原來是他們用長筷子夾菜，送到對方的口中，因此每個人都吃得非常開心。

這就是利他人、利自己的故事！

想想，我們除了怕他人對我們不好之外，是否有想過我們曾經對誰好過？讓自己先愛人、先對他人好，也是利他利己的行爲。

◎子蘭小語

對人好其實就是對自己好。

利他人能感受到快樂，也本能的讓自己感到滿足。

期望：不只是想想，實際做了才可能滿足

對事有想做的意願、有想完成的動機，自然就會朝著期望走。

期望與妄想（幻想）不同，妄想是不做任何事，只想著禮物會自己從天上掉下來。

曾經有一位朋友這樣跟我說：「錢，是爲了用來改變生活品質，所以我規畫如何賺錢、存錢、投資做事業，努力工作來改善我目前的生活狀態。」

期望自己成爲什麼樣子，而成爲一股內在動機去執行。

一起找出學習動機，培養出習慣

許多的父母來諮詢的主要目的是爲了孩子。

孩子對功課不認眞、愛讀不讀的，陪他複習功課也愛理不理，每當要考試的日

子，就是親子關係最容易衝突的時候，怎麼辦？

我常跟父母說，希望孩子書讀得好，那是你的期望，並不是孩子的期望，因此你會陪讀得很累！你非常認真的要幫孩子複習功課，孩子也不會感謝你，反而會覺得媽媽很煩，這樣的意義何在?!

如何陪著孩子一起找到學習動機很重要！要培養出學習的樂趣，就要從小就開始培養閱讀的習慣，從媽媽陪著講故事、看繪本當中，間接學會了很多的認知，因此奠定孩子喜歡學習。

當孩子在幼兒時期，培養出閱讀習慣，孩子學習得越多、知道越多，越有成就感，就更喜歡閱讀、喜歡學習。如果沒有培養出閱讀的習慣，知道得越少、越排斥學習，功課聽不懂就更不喜歡學習。

創造內在動機與外在動機

人只要對事有想做的意願、有想要完成某件事的動機，自然就會朝著自己期望的目標走。

有些父母跟我說，很怕未來孩子跟自己不親近，害怕青春期的孩子會不會叛逆？

會不會品行不良？

我說與其煩惱，不如好好學習正確的教養觀念和方法，來跟孩子互動。

良好的過程，必有良好的結果。

例如，你可以這樣做：

我期望自己可以有健康的身體，所以養成規律的生活習慣，以及注意飲食營養均衡，還有每週運動的習慣。

我期望自己能夠保持理想的體重，所以養成正確飲食與運動的習慣。

我期望能夠出一本書，所以我練習書寫，每天目標完成一千到兩千字的進度。

我期望自己的面相可以越來越慈眉善目，所以我要好好的修養自己的心。

我期望自己的工作可以越做越好，所以努力進修，精進自己的專業知識。

期望自己能夠買房子、買車，所以努力工作也有存錢的習慣。

期望自己的品格好、有良好的正向情緒，所以學習情緒管理的方法。

期望與另一半有良好的親密互動，所以我練習說話教育，在夫妻關係中，少使用批評、不同意、抱怨，或貶低另一半的語言，多用同意、肯定、支持的語言。

期望手足能夠和平相處，父母對於手足之間不比較，不可以當法官，不判任何一個手足的對錯。

期望能與姻親關係和諧相處，多說感恩的話、體貼、榮耀他人的話，不道人之短、不長舌、不對人惡言惡語，不讓自己在家庭中成爲製造紛爭的第三者。

期望能把自己的家打造成爲智慧家庭，所以學習用正確的語言、溫和的語調，多用潤滑劑的話語，來營造一個溫馨和諧的家庭氣氛。

請針對你自己心目中的期望來規畫，然後照著心中的目標踏實前進。

◎子蘭小語

內在動機是學會之後的自我內在滿足感。

外在動機是得到重要他人的肯定或獎勵。

同理心：有愛，讓人能夠將心比心

能站在他人的立場來思考，體會他人的情緒和想法。

有個媽媽來諮詢，她問我：「爲何我的孩子看到我受傷時，會默默的離開躲到旁邊？一句關心的語言也不會說呢？這是爲什麼?!是我的孩子沒有同理別人的心嗎？還是對我太冷漠無情？」

「可能是因爲他有不愉快的經驗配對！」我這樣回答她。

大家可以回想，我們是否曾經因爲自己頭痛時，孩子跑來要你跟他玩，結果你生氣的說：「不要再吵，媽媽的頭痛死了！」「都是因爲你們愛吵架、玩具丟得滿地都是，家裡亂七八糟，讓我的頭很痛……」

流露出不關心，是想要保護自己

當這樣的語言一出現，孩子就會覺得，媽媽頭痛是因爲生氣我而引起的，所以當媽媽頭痛時，我還是不要過去好了，避免被罵。

又或者媽媽經過客廳時，一腳踩到散落在地的玩具，結果跌倒撞到桌子受傷，一痛之下，就大聲叫罵小孩！

當孩子後來看到媽媽受傷，就會因爲這樣的反應和叫罵，而保持距離，以爲自己可能又要被罵了！

結果導致媽媽的心情變成：我的孩子爲何這麼冷漠，看到我受傷了也不知道要來關心我……

其實孩子不會關心的背後，是正想要保護自己啊！

行為是刺激反應來的，同理心是被愛出來的

有個媽媽心情低落的打電話給我，說不知道自己是怎麼了，一生起氣來就打小孩，覺得自己是否情緒生病了。

「看到孩子被我打到跪在地上喊著：『媽媽，對不起！媽媽，對不起！媽媽不要再打我了！』我整個人突然驚恐地清醒過來，我到底是在做什麼?!我怎麼會這麼對我的小孩！我實在是個非常失敗的媽媽！」她自責的說。

當媽媽情緒失控時，旁人可以給的是同理心，同理她要一天二十四小時全年無休的看顧小孩，而且一打二，沒有任何後援。先生忙於工作和婆家、娘家遠在天邊，剛好又遇到媽媽的身體狀況不佳，難免會引發情緒，可以理解這位媽媽的無助感。

遇到這類事件，建議先同理媽媽，而非指責媽媽：怎麼這樣對待小孩！再怎麼累也不能這樣啊……

有時候壓垮最後一根稻草的就是這一句指責：「你是怎麼當媽媽的?!」說也神奇，當情緒激動崩壞的媽媽被同理之後，很快的就會恢復平靜，可以讓自己再把能量找回來。

這表示當一個人情緒低落時，同理很重要。

使用初層次同理心來對話、不說批評的情緒語言

諮商技術有一條規定，不管來談者說了什麼，都要無條件接受。

曾經有個個案來諮詢夫妻關係，她因爲和婆家不合，引發夫妻很嚴重的衝突。

在諮詢的過程中，她說她很恨婆婆：「我們夫妻之間的問題，都是因爲這個女人造成的，叫我怎麼嚥下這口氣?!在這個地方我已經受夠了！」她一邊說著婆家的種種不是，一邊掉眼淚，「我永遠不要再進婆家大門一步，死也不要，孫子我也不讓他們接觸，除非我死了……」

我傾聽她情緒下的激烈語言，跟她說：

「我可以感受到你的情緒。」

「我有聽到你對婆家的很多不滿。」

「我有看到你的難過和無助。」

「我可以理解你此時此刻的心情。」

這就是初層次同理心。

當她被接納後，情緒逐漸緩和，慢慢地恢復到理性，我不用多說什麼，反而她就會娓娓道出。

其實，她的先生面對自己媽媽的個性也很無言。

「他也很幫我，但我就是把對婆婆的情緒轉移到老公的身上，他聽累了就跟著發脾氣！其實我知道自己也有錯，不應該把對婆婆的不滿發洩到他身上，這樣對他也是

所以我選擇用同理來看待這個所謂「討厭」的人際關係，因而放鬆了我自己。

◎子蘭小語

同理心是學習來的，是被愛對待來的。

不要用我們的光明面突顯了他人的黑暗面。

幽默感：內心越自在，就越能幽默看待事物

當情緒緊張或強烈想表達欲望時，越需要用幽默感來應對。

幽默是高度智慧的表現，人如果太緊繃，很難放鬆，自然無法幽默，而因為幽默太難，所以才會有人出《名人幽默集》這類的書吧。

曾經有人這麼形容我：「超幽默！」可能我容易講出化解尷尬、又能讓人會心一笑的語言來。例如：以前我的另一半總說我太笨、眼光很差之類的話，其實我很想反駁：「你自己才是！」但我改了一個說法：

「對，我是笨、眼光差，但還好嫁給你，有你的好頭腦，我就放心了！」接著又說：「你的眼光確實是很好，這點不用懷疑……」

這時另一半一時語塞，無法再回話了，於是結束了一回合不必要的言語戰爭。

有溫和的父母，才會有溫和的小孩

之前看過一篇文章，寫的是大陸電影演員黃渤，說他剛出道時，人家嘲弄他外型長相醜，這樣也能當電影明星？

結果他笑著回應：「現代人是進步很多了，不再只是看人的外表，而是學會了看人的內在。」

當自己的內心越自在，就越能幽默的看待所有事，自然也不會想和人多做辯解。解釋不過是爲了有心人的歪曲或惡言惡語，而來維護自己，**幽默看待是最高智慧的表現。**

在諮詢時，有時候媽媽擔心的問題，我都會覺得，是媽媽對孩子的教養方式太嚴肅了！

有一次在兒童樂園，看到有個小孩到處跑、看到冰淇淋吵著想吃、看到泡泡機想要買，一路上就是調皮，排隊時還亂跳不站好，後來媽媽有點生氣的說：「你今天太頑皮了喔！」然後手掌舉高喊出：「一……二……」

我心想，不會是要用「我數到三的方式」打小孩、恐嚇小孩吧?!

結果這對母子，居然是媽媽數到二時，孩子輕快的接著喊三，然後母子擊掌一起說：「Give me five！」

當下那個氛圍，化解了管教情緒，媽媽不生氣罵小孩，小孩不覺得被責備沒面子，因而配合父母管教。

用幽默的調教方式，小孩的情緒更能穩定，更好溝通。

我欣賞這樣幽默的調教方式，太嚴肅的管教，孩子的情緒不是壓抑，就是更躁動或更愛生氣。

管教孩子眞的要用對方法。

幽默感可以化解很多情緒和危機

某天跟朋友碰面，討論一些問題。

我們聊到每個人的人生總會遇到一些挫折，而遇到焦慮或沮喪的事情時，幽默感很重要。

這位朋友就說：「那我知道了！我下次問另一半覺得我穿的衣服好不好看時，就要自己先回答『你一定覺得很好看！』」說完，自己開心的笑了起來。

她說就是要幽默化解，才不會每次問老公說：「你覺得我這樣穿好看嗎？」得到的回答總是：「還不就是這樣！」不然就是故意說「難看！」

幽默的自問自答，讓自己的心情美麗，這不是很好嗎？

再舉一個例子。

某天我到麵包店買土司，剛好看到一隻蒼蠅停在剛出爐的麵包上。

我走向櫃台準備結帳時說：「老闆，你們的麵包太香、太好吃了喔，連蒼蠅都被吸引，忙著在那兒飛來飛去！」

老闆聽了立刻處理。

佛洛依德說過：「最幽默的人，是適應力最強的人。」

幽默感，確實能夠幫助我們在社交場合中，化解各種危機與尷尬。

切記！幽默不是搞笑。

◎子蘭小語

最幽默的人，是適應力最強的人。

當自己的內心越自在，就越能幽默的看待所有事物。

仿同、認同：模仿他人的優點，增加自身的能力

針對另一個人好的人格與行為來塑造自己。
模仿成功的人，跟著做就好。

這是潛意識的作用，會讓人不自覺的模仿自己所認同、或尊崇的人之行爲，將此人的優點內化成爲自己的一部分，藉由模仿他人的優點，增加自身的能力。

若是覺得夫妻相處困難，除了學習專業的觀念和方法之外，也可以模仿他人是如何經營。

每次跟一位女性長輩聚會喝茶聊天時，我總是會發現，只要她的先生杯子裡的水快見底時，她都會起身幫忙把茶水加滿，看到他們之間的互動模式很溫馨，讓我很羨慕。

於是，我回家之後，就很自然的，也會倒水給另一半喝了。

這就是仿同。

一、結果價值

家務事不是計較誰做了多誰做了少，而是反映自己的期待值。

例如：老婆希望先生早一點回來，幫忙做家事、帶小孩做功課、陪孩子玩，還要有時間跟自己互動，另外還有一個重要的重點是，先生要有一個能滿足家庭經濟的工作。

這就是結果價值。

也許先生不是沒有參與家務事，而是老婆的期待值太高。

二、比較參考點

有的先生會批評老婆不太愛做家務事、很不會打理家庭，這個可能原因是，相互比較來的。

老公可能把自己的媽媽拿來當比較。過去的媽媽多是家庭主婦，任勞任怨的做慣了，甚至為兒女做太多，結果當老公習慣了自己媽媽的做事方式之後，就會覺得老婆做太少。

這就是比較參考點。

三、合理化

很多人把另一半所做的事，都用合理化來看待。

某次的婚姻諮詢，老婆一坐下來就開始抱怨老公的種種不是，邊哭邊說自己一打二，帶孩子帶得好累，老公都不幫忙帶……

這時坐一旁的老公想要解釋，我按捺他先不說。

我轉身繼續聽老婆發洩情緒的不滿，然後問她：「你覺得老公平常都不幫忙，讓你感覺很累，對嗎？」

她說：「對啊！」

然後我繼續問她：「你帶孩子又要忙家務事，忙不過來，是這樣嗎？」我再問：「誰煮飯呢？」

她回我：「飯是老公煮的。」

「那碗筷，誰洗的呢？」

「我老公。」

「那衣服呢？」

「我老公。」

「地板、垃圾誰清理呢？」

被我這麼一問，她掛著兩行眼淚笑出來說：「都是他啦！」

然後我們三人就一起笑了開來。

老公是邊笑邊搖頭嘆氣。

有時候，夫妻之間就是這麼可愛，老婆有老婆的累，老公有老公的壓力，所以不要糾結在婚姻相處的知識上，非得要求家務的公平性。

大家可以找一對自己認同的夫妻，看他們彼此之間是如何的自然分工，「誰有空，誰就做」「誰有做，誰就感謝的心」來仿同。

找個正向的人，直接模仿他

如果有人覺得正向心理學的理論或觀念太難懂，那麼找個正向的人直接模仿他就好了！觀察這位人士，當遇到低潮或是挫折時，他會是如何正常的過生活。

有的媽媽會抱怨老公，說老公都不會跟孩子玩，當要求老公帶孩子玩時，老公居然回她：「我也不知道要跟孩子玩什麼？」

這時候，再生氣抱怨老公也沒有用，可能老公在他小的時候，他的父親也沒有跟他玩的習慣，所以不會也是正常。不如這時約幾對彼此都認識的好友夫妻，一起帶著小孩共同出遊，讓老公直接模仿他人親子互動的行爲。

◎子蘭小語

仿同是，當我們看名人成功傳記，看別人是如何成功的，來塑造自己。

仿同是，看別人是如何情緒正向管理的，變成爲是自己的。

當自己睡不著失眠的時候，如果又遇到旁邊的人打呼，那簡直讓人更加的無法入眠，這眞的讓人很痛苦！

這個時候，很可能就會不耐煩的推他一下、用力地扯一下他的枕頭，或者是直接搖醒他，吼他：「你吵得讓我睡不著！」

被你吼的另一半，有時候還會恍神地搞不清楚狀況，嘴裡呢喃個兩句，倒頭繼續昏睡，沒過幾分鐘，打呼聲再次響起！留下一樣睡不著的你，繼續躺在床上左翻右翻直生氣！

這個時候，與其繼續火大睡不著，不如昇華自己，專注的聽著枕邊人的打呼聲。心裡想著，當年是怎麼和這個人開始的因緣，原來不認識的兩人，居然就這麼走在一起，經營了共同的家，還生下了可愛的小孩，兩人一起爲了家，而辛苦打拚的工作。

反正睡不著，不如躺在床上想著，這個人曾經對我的種種付出，對我的種種好；想著自己，當初熱戀時的那股內心悸動，期待著下次約會見面的那種心情。

邊想著枕邊人的種種好，邊靜靜的感受那一聲又一聲的打呼聲。此刻的內心，竟然是安穩的，反而更容易讓自己入睡。

當外境無法改變時，昇華自己的內心感受，也是一種很好的選擇。

當你受不了打呼聲時，可以試試看這個方法。

曾經看過報導，年紀比較大的老夫妻，半夜最怕另一半的打呼聲突然中止，所以只要聽到打呼聲音，就放心了，因爲另一半還活著。這是多棒的心境轉變啊。

昇華生活和情緒的各種方法

《第九號交響曲》是歷史上最高成就的一部極致音樂經典。貝多芬他經歷了一生的苦難，歷練了自己的生命故事之後，在晚年時對生命的領悟，傾盡他畢生的才華，創作了這部曠世巨作。

南宋宰相文天祥，在監獄裡頭度過了人生中的三年，他強忍痛苦，寫出了不少詩篇，其中的《正氣歌》這不朽的名作，就是在監獄中寫就的。

如今的詞曲創作人，也都是將自己或他人的心情故事，譜成一首首膾炙人口的經典作品。

梵谷因與高更在一次爭吵之後，思覺失調症病發，割下了自己的左耳送給一名妓女，之後自願前往精神病院治療，在精神病院停留了一百零八天，在那期間他創作了大量的繪畫作品，《星夜》就是其中之一的代表作。

在諮詢的時候，我會讓個案畫心理畫，借由畫心理畫（話），心裡事好像就能得到舒緩。

我們也可以用做家事來昇華轉移自己的情緒，把地板拖乾淨，把居家環境布置好，這也是一種情緒上的昇華。

大概從小學起，我就有寫日記的習慣，利用書寫來整理自己的情緒，幫助自己回到正向情緒。後來有了臉書這個平台，於是我把自己調節後的心情，或教養個案的工作心得，貼文跟臉書上的朋友們分享，漸漸的引起很多人的共鳴，因此昇華了自己的情緒。而臉書寫著寫著，竟然還能得到出版經紀人的青睞，促成這本書的因緣，這也是始料未及的事啊。

講到昇華，我有一個非常開心的工作經驗。

一個小學六年級的男生，經歷了父親外遇、母親多年來的心結，家裡幾乎天天上演武打片，小男生告訴我，他真的很想自殺，很痛苦自己為何會出生在這樣的家庭，看到同學的父母都很好，想到自己的父母每天吵架還打架，就覺得很自卑。

當時，我跟這孩子說，雖然我們一時還無法讓父母兩人不吵架，但我們可以試著將自己的情緒昇華，像是音樂家把情緒轉變成音符，文學家把情緒轉成文字那樣。

然而，就在我們諮詢結束後約一個星期，這小男孩請媽媽寄給我一封文字檔，這是小男孩將他自己內心情緒昇華成的一篇小故事。

爾後，他每隔一些時日，就會請媽媽再傳給我看他寫好的文章。媽媽表示，當小男孩知道我都有閱讀他寫的文章時，他笑得很開心呢。

◎子蘭小語

學習找到一個讓自己情緒昇華的出口。

當外境無法改變時，昇華自己的內心感受，也是一種很好的選擇。

思想抑制：等待也是一種解，不讓自己鑽牛角尖

為了應付眼前的情況，
意識決定推遲對某些情緒或需求的關注，過段時間再來想。
當面臨的事件無法解決的時候，就先停止、先不想。

有些人正面臨著婆家壓力、經濟壓力或時間的壓力。如果這是目前無法改變的、暫時無法解決的，就讓自己先不想。

人的一生中，多少都會遇到無解題。**無解題，先不解也是一種解；交給時間，等待也是一種解，不讓自己鑽牛角尖。**

快樂的姊姊來了，痛苦的妹妹就走了

我常在講座中提醒學員們，如果頭腦真要想事情，就想些善的、好的，想讓自己

能感受正面能量，你就該這樣好好的想。

人的腦袋就像網路搜尋一樣，輸入什麼關鍵字，就出現什麼內容。所以想好的，就會引來好的；當想到壞的狀況時，就先停止，可以試著用幽默化解，也可以用昇華來轉移注意力。

我只想我可以解決的事，不想我無法處理的事。

面臨無法改變的時候再多想，只是會讓自己心低落，更不容易面對。

王國和教授曾說過一句話：「快樂的姊姊來了，痛苦的妹妹就走了。」

意思是當頭腦想著快樂的事情，痛苦就消失了，這不是鴕鳥心態！不想不快樂的事，是說如果這件讓你不快樂的事，但目前情況又是無法解決的處境，這個時候就練習讓自己先不想。

例如：正在寫書的此刻，我所面臨到的是另一半的身體狀況，每當想到他漸漸衰弱的身體，內心也會湧起一股無助感，也會有焦慮、不安感襲來。想著自己到底要怎麼做，才能減輕他的病痛？面對他因為身體不舒服而引發的情緒性行為，該如何因應？

遇到問題先暫停一下，讓自己的頭腦切換

一次他在情緒下大鬧病房，我接到醫院打來的電話，匆忙的又從家裡再回到醫院，一進病房，我當下火氣上來，邊罵邊說了他一頓之後，我終於止住了情緒，坐在病床邊，然後我安靜地回覆手機上訊息，在一段時間之後，抬頭問他：「要吃飯了嗎？」

暫停一下，先不想引發衝突的事件。讓自己的心平息下來，有時候反而更能有效地解決問題。

面對另一半的身體狀況，我也會起煩惱心，但是當自己的頭腦陷入困境時，我就會跟自己對話：先不想這個，一切交給醫生。焦慮或者擔憂，其實對我先生的身體狀況一點幫助也沒有，反而我的焦慮心情還會影響他。

我能想的是，如何給另一半陪伴、溫暖與照顧。

所以遇到問題先暫停一下，讓自己的頭腦切換一下想些別的，停止一切悲傷、焦慮、恐懼、不安的想法。

深呼吸、轉念頭，別陷入「受害者」角色

在諮詢時，許多個案最難以釋懷的事，除了家人的身體狀況之外，最揪心的就是面臨另一半外遇！

某個個案知道老公外遇，知道除了有別的女人還生了小孩，小孩還跟自己的孩子相差沒幾歲！這不就代表原來結婚沒多久的時間，老公就外遇了！

一想到這裡，老婆陷入一片混亂、焦慮，胸口像是壓了千斤重擔讓自己喘不過氣來，腦子裡浮現好多畫面，原來老公每次出門就是跑去另一個家……想著自己為何這樣傻，多年來完全被矇在鼓裡?!想到原來老公的工作收入，要養一個家其實綽綽有餘，但為何老是說「要省、要省！」

「原本以為是老公節儉想努力存錢買房子，我也傻傻的配合盡量節省，結果原來錢有一半都拿去支付另一個家庭的開銷了！」想到這一點，她一股揪心的焦慮感襲上，心口很悶！

「想著要離婚嗎?!可是小孩怎麼辦？我實在不甘願！這口氣我怎麼嚥得下去！離了婚，不就便宜了他們……」要離不離的拉扯，再次撕裂自己的心，各種念頭不斷的起伏，想著過去種種的不甘心，想著對未來種種的不安心。

當面臨這樣的難處時，可以想一下，跟孩子要如何走下一步？練習讓自己不要去想爲何老公會這樣對待我？爲何這麼可惡？因爲當興起了這種想法時，就會讓自己陷入一種「受害者」的角色，一定會讓自己更無助更焦慮。

當困惑住自己、想不出來、走不出低落情緒時，讓自己的頭腦暫停，停止想這件事，讓自己去睡覺、去吃飯、去忙工作、去帶小孩、去做任何可以讓自己放鬆的事情都好。

練習用成熟防衛，來幫自己度過危機

人的頭腦，有時候就是會轉進死胡同裡出不來，請學會等待，讓自己先不想，頭腦才有空間來慢慢釐清問題，這時答案自然就會轉出來，幫助自己該如何走出困境的路。

無論你遇到的是什麼樣的問題，記得把自己的心理能量找回來，跟自己好好相處，聽聽內心最深層的聲音。

不要用批判、不要想仇恨，更別想報復，當興起負向念頭時，看清它，是哪些本能的防衛?!如何轉化？**成熟的防衛，才是眞正愛自己的表現**。

你可以試著思考看看：

一、經常出現卻無法實現的欲望，哪些是本我？哪些是超我？又哪些是自我的折衷？

二、有沒有發現自己或平常所認識的人當中，是用了上面的哪些心理防衛機制來與人相處？所代表的意義是什麼？讀完這本書之後，你會如何解決呢？

三、當小孩用了負向行爲表現時，你該如何回應呢？是否會改變？是否會換個想法，來思考孩子的負向行爲表現呢？

歡迎大家一起進入這浩瀚心理學領域的大門。

◎子蘭小語

只想我可以解決的事，不想我無法處理的事。

無解題，先不解也是一種解；交給時間，等待也是一種解。

學員的學習分享

把身體感受的權利交給孩子——嫻一

使用子蘭老師的方法，得到孩子回饋的例子好多啊！

我們家孩子也是不愛穿鞋子，找到機會就脫。我們也都是尊重，但是路上過來關心的婆婆媽媽總是很多，怕冷的、怕受傷的、各種「怕」。

但是即便只是個一歲多的孩子，真的能自己感受冷的。遇到冷風的時候，他會皺著眉頭跟我說：「不要風風，戴帽帽！」

本來一直也擔心一早起來他總是不愛穿外套會冷，後來，決定不勉強了，讓他自己感受吧！某陣子低溫一出房間，他會轉頭跟我說「冷冷、外套。」踩著地板說：「冰冰！」我問：「那要穿鞋鞋嗎？」他說：「好。」

老師說的原體驗，這也是其中之一吧！沒有原體驗，孩子永遠不知道我們擔心的是什麼？指的是什麼？把身體感受的權利交給孩子，他們可以做出令人驚喜、驚訝的決定！

（不過當然父母是有智慧的，總不會家裡開暖氣，外面十幾度讓孩子穿薄長袖出門。可是我們的態度仍可以保留、尊重、詢問，真的冷又不想穿，也是有辦法的。我每次都安慰自己，感冒一次又不會怎樣，真正的大病可都不是吹風感染的啊。）

尊重孩子的決定——林佳瑄

剛剛我老公出門上班了，小孩問：「媽媽我可以不要穿鞋子嗎？因為地上冰冰，爸爸怕我冷冷？」

我回小孩說：「對啊！爸爸是愛你的，怕你會冷所以要穿鞋子，媽媽尊重你的決定，你想穿鞋子嗎？」

小孩：「不想。」

我說：「當然可以，那就把鞋子放好吧！」

心夠柔軟，孩子才會表達真正的自我——鍾美雲

老師謝謝你，這次的訪談對我的教養點醒了真正的問題。

平常洗澡時，叫女兒都要很多次才會來洗，不然就是洗了不想起來，今天她自己突然說：「媽我洗好了要起來了！」於是我稱讚她。

她說：「今天沒被罵吔！」就開心的聊天說今天的弟弟不乖，讓媽媽一直叫。

媽媽的心夠柔軟，孩子才會表達真正的內心自我。

謝謝老師！

不要講恐嚇的語言——李愉婷

「陳子蘭老師線上說話課」內容扎實到我聽了好幾天才聽完。

今天大亮點：不要講恐嚇的語言。

「不要到處亂跑，會被陌生人抓走！」→到了幼稚園，這樣講會加深了孩子的分離焦慮，因為老師同學=陌生人。

「你不乖，我不要你了！」→錯誤的依附關係，等到長大了被提分手，就會覺得是自

己不好。

「說話教育會讓人幸福」一起來學習吧！真的太感謝老師，還有當初極力推薦我上課的徐嘉嘉了。

茫茫大海抓到救生圈——利緽

今天抓緊時間，才聽老師十分鐘的錄音檔，整個心是雀躍的，好像在茫茫大海抓到救生圈了。

親子好好溝通、互相學習——Chiung yen

老師那份報告很有幫助，我少唸一點孩子，但讓小孩知道我關心他的出發點，我們相處起來變輕鬆了，小孩也說媽媽我也會好好講話的，我說我們互相學習。

說話應對，盡量錯中找對——黃佳慧

老師好！我聽了好感動，尤其是在聽過這一年多來的許多線上語音課程，再聽到這次愛是需要學習而更有感！更融會貫通！

最近學著照顧自己的頭髮，髮質變好，人變美，心情也跟著好，做著家事心裡都充滿了感恩溫暖。我想這就是照顧好自己，自己被自己愛夠，自己的心才有餘裕面對生活中的大小事吧！

而我的說話應對也盡量錯中找對的說、不鑽牛角尖、不找自己麻煩，看到回家的先生，也邀請孩子一起說：「爸爸你回來囉！工作辛苦了！」讓先生一進門就感受到家人的愛，這樣說了幾次，我先生回饋給我：「上班一整天，一回家就聽到『你回來啦！工作辛苦了』，那真是心裡很爽、很溫暖！」

我想，我先生有真實感覺被我們愛到吧！

進而他對孩子們也包容許多（因為先生常對孩子稍稍調皮，就很不耐煩而生氣）！

子蘭老師常說，愛從說話開始，真是深深認同！

這份說話的溫和力量，因為有愛，隨著家人互動而和善的流動，我相信公婆一定感覺到了，因為公婆說話會喜歡互相酸來嗆去的，我公公竟也會告訴婆婆，說話可不可以口氣好一點？（每個人無論到任何年紀，心中都希望自己是被愛被好好對待的吧！）

漸漸的，說話帶來幸福的感覺，讓我連在廚房洗碗，聽著家人在客廳聚在一起聊天看電視，我在廚房整理都好享受！心中有份穩定踏實的感覺，感謝老天爺！感謝子蘭老師和珮汝，一切感恩！

學會放手和釋懷——郭小拉

上個月從班導師口中得知小孩疑似有亞斯伯格的特質，在震撼中把過去的音檔又聽了一下，突然領悟了老師說的一些道理。

聽了這個月的主題「愛」，有種放手及釋懷的感覺。過去愛孩子的方式好像太用力了，很容易讓雙方都受傷，現在開始學著輕輕的愛，孩子們的情緒和互動變得比較溫和些，家裡的氣氛沒有那麼緊張，當我的亞斯兒情緒要起來時，我好像比較可以冷靜面對他，當他情緒過了之後，他好像也比以前容易接受事實。

週日在公園看到一個媽媽愛孩子的方式，彷彿看到過去的自己，很擔心孩子和別的孩子有衝突，拚命的介入，怕孩子受傷受挫，卻忘了放手讓他自己去嘗試面對問題，聽到那媽媽對我說你心臟好大喔！三個兒子還可以看得這麼開，心裡想想，以前的我好像不是這樣吔，呵呵……

最近跟先生的互動也比以前好些，不管多晚都要和先生說上一兩句話，關心他的工作、他的心情，夫妻感情要好，真的需要多互動，雖然有時還是會有小情緒，但怕說出口會詞不達意，我就會選擇用文字告訴他，這方法也稍稍改變了我們的關係，以前沒講清楚說明白，他都覺得我只是在「張」（台語），現在至少氣消了還會關心我一下。

打開心門，接納突發狀況——秀秀

老師跟哆啦A夢一樣有個任意門，總覺得你一打開門，就可以到達想要去的地方，旅遊、上課、諮詢、陪伴親友、寫作等。

一開門，心也跟著打開，接納許多突發的狀況，也都能立馬轉念好的信念。有個百寶袋，讓我們這些孤立無援的媽媽，有了心靈上的支持和安慰。

子蘭老師的魔力太強大，只是跟老師LINE還沒碰到面，但是媽媽自己已經在融化學習溫柔和轉念，應該和子蘭老師合照然後放在家裡，全家深呼吸時看一下照片。大家的心都可以立馬轉變溫暖柔和。

尊重孩子的決定——林美秀

早上出門前發現將寶的書包裡沒有雨衣，原來他遺留在安親班未帶回。擔心他放學會淋雨，趕緊再塞一件，結果這小子硬是不要，還掉眼淚，我們倆就這樣僵持著，老實說，我的火氣都上來了……

但忽然耳邊傳來陳子蘭老師的聲音，然後，我停止了塞雨衣的動作，轉頭說：「你自己決定不要帶的，如果中午放學時下雨，你自己想辦法走去安親班……」接著帥氣的說：「上車！」

一路上其實我是很火大的，忽然將寶開口了：「媽咪，我上次放學時，書包沒有雨衣，我也是用外套遮住頭，這樣走到安親班的。」

我回（怒氣中）：「那是下小雨，如果下大雨呢？」

將寶回：「那我會自己想辦法解決。」

我不回話了（老師說情緒下不回應）。

但心中想著：好吧~你自己解決，隨便你。

到了校門口，當媽媽的免不了擔心，於是又開口叮嚀：「如果中午放學時下雨，你要想辦法哦……不要淋雨。」

這次換將寶帥氣的回：「就說了我知道。」

上了老師的課，道理簡單，但在生活上應用，真的不容易。一句話不要講超過兩遍，不然就變成囉嗦。

不尊重孩子的決定、沒有自身的感受，怎麼了解別人說的結果？用自以為是的為你好，對方真的會覺得是好？還是製造壓力？

發文的此刻，外面是無雨的，訊息傳來將寶已安全到班。

忽然發現如果我早上一再的堅持，然後搞得母子倆都不開心，這樣真的值得嗎？幸好我及時剎車。

〈後記〉
每一件事的發生，一定都有它的巧安排

話說八年多前，我開始在臉書上寫文分享。

最初只是自己的心情對話，後來記錄了一些教養諮詢的工作心得，把平常的親子教養的互動觀察寫成教養文章，在網路上跟父母分享。

從親子教養的問題開始寫起，慢慢地，一定會講到婚姻、講到家庭，到最後就會談到個人，並說起個人的心理能力，到底是如何發展出來的呢？

個人心理能力的程度，影響著自己與他人的互動，是非常深且遠的，這也就是我想寫這本書的最大用意。

漸漸的，臉書的文章引起了一些人的關注，而其中一位默默潛水的，就是我現在的出版經紀人。

她說，從交友紀錄來看，她追蹤了我大概七年了吧！她心中一直納悶，明明我的觀念很棒，但是，怎麼沒有將理念出版成書，來造福更多的人呢？

說來就是因緣。

說到出書這件事，一直以來，時不時的都會被問到：「老師，你有出書嗎？」而我總習慣性的帶著笑臉回答：「有啊！『臉書』！」

我會把教養相關的觀念與方法，例如現代父母經常遇到一些育兒上的困擾，或者是我個人對某些人、事、物的看法，甚至是一些價值觀、信念和態度等想法，寫成文章分享在臉書上。

我說，如果你喜歡我今天上課的觀念，你可以搜尋我的名字，閱讀我的臉書。這樣回答，應該有六、七年以上了吧！雖然嘴巴上說著「臉書」，心裡上又何嘗沒有認眞的想過，自己有朝一日可以出版一本屬於自己的書？

當演講越來越多，被問有沒有出書的機會也跟著變高，自己的心裡，也起了越多的念，也開始不自覺的想著：如果哪天要出書了，取什麼書名好呢？

「四夠教育——孩子應該這樣教」

「我的教養諮詢日記」

「父母教養的實作公式與運用」

呵呵！用想的，一下子就出了好幾本的書啊！果然是幻想的不實際啊！

意外的，最後跟出版社談的主題居然是「防衛機制」。

會先出這本書，更讓我深深覺得，很多的事情，其實可以不必先煩著等；也有很多的事情，其實不需要太過用力追求，專注的做好當下正在進行的事就好。

例如，我專注在每天的諮詢工作，專注每個月從北到南固定開的面授課，錄製每個月一個主題的線上語音課程，更是在心裡驗證了，每一件事的發生，一定都有它的巧安排。

其實，讓事件的本身，隨著因緣俱足從容自然形成的感覺，眞的很美好。

就讓我們一起隨著因緣走吧！

正如此時此刻正在閱讀這本書的你一樣，無論你是在什麼機緣下看到這本書，我們的相遇，就是生命潛能跟人生本質最美好的安排。

感恩我們能一起來到這裡首次見面，更期待再相會～

Eurasian Publishing Group
圓神出版事業機構
用心與你對話・視野無限寬廣
如何出版社
Solutions Publishing
www.booklife.com.tw
reader@mail.eurasian.com.tw
Happy Learning 199

我心裡住著一隻刺蝟

看懂你的人生劇本與內在防衛機制，療癒各種人際傷

作　　者／陳子蘭
出版經紀／廖翊君
發 行 人／簡志忠
出 版 者／如何出版社有限公司
地　　址／臺北市南京東路四段50號6樓之1
電　　話／（02）2579-6600・2579-8800・2570-3939
傳　　真／（02）2579-0338・2577-3220・2570-3636
總 編 輯／陳秋月
主　　編／柳怡如
專案企畫／賴真真
責任編輯／張雅慧
校　　對／張雅慧・柳怡如
美術編輯／簡瑄
行銷企畫／陳禹伶・曾宜婷
印務統籌／劉鳳剛・高榮祥
監　　印／高榮祥
排　　版／莊寶鈴
經 銷 商／叩應股份有限公司
郵撥帳號／18707239
法律顧問／圓神出版事業機構法律顧問　蕭雄淋律師
印　　刷／祥峰印刷廠
2021年10月　初版
2024年6月　5刷

定價 280 元　　ISBN 978-986-136-600-5

我想帶大家進入「防衛機制」這個心理學領域，
讓你看懂自己與周遭的他人。
我是因爲看懂這防衛機制，而發現自己的。
所以，我也期待你也可以從這本書中，「找到自己」。
活出自信與心靈平靜，感受自由自在的滿足感。
並且不讓自己困在不自覺的自我保護，與充滿敵意的負面情緒裡。

——《我心裡住著一隻刺蝟》

國家圖書館出版品預行編目資料

我心裡住著一隻刺蝟——看懂你的人生劇本與內在防衛機制，療癒各種人際傷/陳子蘭著. -- 初版. -- 臺北市 ： 如何出版社有限公司， 2021.10
224 面；14.8×20.8公分 --（Happy Learning ; 199）

ISBN 978-986-136-600-5（平裝）
1. 情緒 2.防衛作用 3.生活指導
176.52 110013817

我是因為看懂防衛機制，而發現自己的。
所以，我也期待你可以從這本書中，「找到自己」。

我是因為看懂防衛機制，而發現自己的。
所以，我也期待你可以從這本書中，「找到自己」。